Königs Erläuterungen und Materialien
Band 12/12a

Johann Wolfgang von Goethe

Egmont

von Dr. Hans Ulrich Lindken, ergänzt und teilweise neu gefaßt von Reiner Poppe auf der Textgrundlage der 21. Auflage

C. Bange Verlag – Hollfeld/Obfr.

Herausgegeben von Klaus Bahners, Reiner Poppe und
Gerd Eversberg

ISBN 3-8044-0329-8

Satz: Universal Fotosatz Kaiser, 7030 Böblingen
Druck: Beyer-Druck, Langgasse 23, 8607 Hollfeld

Inhaltsverzeichnis

1. Einleitung . . . 9

2. Zu Goethes "Egmont"

2.1 – Goethes Quellen . . . 11

2.2 – Materialien zur Entstehungs- und Wirkungsgeschichte . . . 11

2.3 – Zu Schillers "Bühnenbearbeitung" . . . 32

3. Historische Quellen

3.1 – Aus Wilhelm von Oraniens Aufruf an die Niederländer 1568 . . . 42

3.2 – König Philipp II. an den Prinzen von Parma 44

3.3 – Unabhängigkeitserklärung der Niederlande 1581 44

4. Hilfen für das Lesen und Interpretieren des Dramas

4.1 – Wort- und Sacherklärungen . . . 45

4.2 – Inhaltsskizze . . . 49

4.3 – Personencharakteristik . . . 62

4.4 – Anregungen zur Diskussion und (schriftlichen) Erörterung . . . 77

5. Zeitgenössische Texte zum besseren Verständnis des Dramas

5.1 – Immanuel Kant. Aus: Die vollkommene bürgerliche Verfassung (1784) . . . 85

5.2 – Friedrich Schiller. Aus: Geschichte des Abfalls der vereinigten Niederlande von der spanischen Regierung . . . 88

5.3 – Louis Sébastien Mercier: Philipp II. König von Spanien . . . 96

6. Moderne Geschichtswissenschaft zum Freiheitskampf der Niederlande

6.1 – Ernst Walter Zeeden:
6.1.1 Stil und Formen staatlicher Machtpolitik im Jahrhundert der Glaubenskämpfe 99
6.1.2 Grundzüge der politischen und sozialen Entwicklung 103
6.2 – Gerhard Ritter: Der Freiheitskampf der Niederländer bis zur großen Spaltung von 1579 106

7. Neuere Literaturwissenschaft zum "Egmont"

7.1 – Hermann August Korff 115
7.2 – Benno von Wiese 120
7.3 – Paul Böckmann 126
7.4 – Emil Staiger 139

8. Bibliographie (Auswahl) 146

Vorbemerkung zur Neuauflage 1985

Der „Egmont" muß nicht nur zu den ehrgeizigsten, sondern auch zu den vornehmsten Dichtungen Goethes und der deutschen Literatur überhaupt gezählt werden. Goethe selbst schätzte diese Tragödie sehr (vgl. Brief vom 20. März 1782 an Charlotte von Stein). Stoff und Gestalt des „Egmont" wurden erst nach beinahe zwei Jahrzehnten des Formens und Feilens, des Änderns und Verwerfens im September 1787 bewältigt und 'vollendet', und Goethe äußerste sich sehr erfreut über die günstige Aufnahme seines Bühnenstückes, das mit Herzblut geschrieben worden war (vgl. Tagebuchnotiz vom 3. November 1787 während der „Italienischen Reise" 1786-1788). Den Quellen in den Kapiteln 2.2 und 2.3 (auch 7) unseres Erläuterungsbandes ist das freilich bewegtere Auf und Ab, das Für und Wider in der Rezeptionsgeschichte des „Egmont" abzulesen, als es seinem Verfasser zu jener Zeit bewußt sein konnte. Sicher ist, daß Beethovens große Musik (Egmont-Ouvertüre, 1810) erheblich dazu beigetragen hat, auch ein breiteres Publikum allmählich für Goethes Drama zu interessieren.

Wann Goethe sich dem Egmont-Stoff erstmals mit einer festumrissenen dichterischen Konzeption zuwandte, ist zeitlich nicht eindeutig belegt. Doch deutet der Brief vom 23. 12. 1744 an Heinrich Christian Boie auf eine bereits intensive, zeitlich noch weiter zurückdatierbare Beschäftigung Goethes mit den historischen Vorgängen und der Gestalt seines 'Helden', der offenbar schon konkrete Züge angenommen zu haben schien (vgl. Kap. 2.2).

In der Endfassung des Egmont-Dramas sind die Einflüsse des „Sturm und Drangs", (– das Sieghaft-Drängende, das Sich-selbstbewußt-Behauptende –), in dem die Anfänge der Arbeit an diesem Stoff liegen, kaum mehr als 'Marginalien'. Die eigentliche Auseinandersetzung findet auf einem anderen geistigen Niveau statt, mit anderer Fragestellung und einer anderen Aussageabsicht: Goethe ist auf der Suche nach neuen Ausdrucksmöglichkeiten, um nach der Überwindung der 'titanischen Periode' seines dichterischen Schaffens nunmehr das **Wesen des Übermenschlichen**, des **Dämonischen gestalthaft** auszudrücken. Mit zunehmendem Alter

weist Goethe dem Dämonischen eine immer bestimmendere Rolle zu unter jenen Kräften, die den Menschen mit geheimnisvoller Macht ausstatten und lenken. Er ist fasziniert von den Erscheinungsformen des Dämonischen in seiner Umgebung, das in herausragender Weise einzelne Charaktere präge, deren Schicksal bestimme und damit den Lauf von Geschichte maßgeblich beeinflusse. In Gesprächen, Briefen, Mitteilungen und Besinnungen ist davon immer wieder die Rede. Die Egmont-Gestalt Goethes ist als verdichtete Erkenntnis **ein** Ergebnis dieser Auseinandersetzung. Die idealisierte und gleichsam stilisierte Dramen-Gestalt des Egmont ist damit ein ureigenes Geschöpf des Dichters, weit davon entfernt, ein Abbild des historischen Egmont zu sein (vgl. Kap. 2.2 – Aus: „Dichtung und Wahrheit". 4. Teil, Buch 20).
Unstrittig ist, daß auch **politische Aspekte** in dieser Tragödie verarbeitet worden sind, die Goethe aufgrund seiner administrativen Tätigkeit in Weimar am Hofe Karl-Augusts von Sachsen – Weimar – Eisenach mit der ihm eigenen emotionalen und kritischen Distanz wahrnahm, reflektierte und dichterisch umsetzte. Darum ist der „Egmont" jedoch noch kein Stück explizit politischen Theaters, folgt man Frenzels Ausführungen zur Situation der deutschen Bühne im 18. und 19. Jahrhundert und Melchingers Definiton des 'politischen Theaters'.[1] Neben der fiktional-poetischen muß zwar auch die politische Dimension in diesem Drama eine gewisse Bedeutung haben; ihr kann aber kaum derselbe Stellenwert zugesprochen werden wie der Darstellung des Dämonischen als dominanter Idee.
Im Literaturunterricht der Sekundarstufe II rangiert der „Egmont" zumeist hinter dem „Tasso", der „Iphigenie" und selbstverständ-

1) Vgl. Herbert A. Frenzel. Geschichte des Theaters. Daten und Dokumente 1740-1840. München 1979. – Siegfried Melchinger stellt im Band 2 seiner **Geschichte des politischen Theaters, Frankfurt 1974**, klar heraus, daß aufgrund der gesellschaftlichen Gesamtverhältnisse 'poliitisches Theater' erst nach der französischen Revolution zum Tragen kommen konnte.

lich hinter dem „Faust" [2], um nur mit einem Streiflicht das Verhältnis von Schule und Unterricht zu den gängigen Bühnenwerken Goethes anzudeuten. Der vorliegende Erläuterungsband möchte den Schülern der 13. Jahrgangsstufe Anregung, Anleitung und konkrete Hilfe bieten, dieses sehr persönliche Drama Goethes auch eigenständig angehen und das komplexe Zusammenwirken der verschiedenen (Be-) Deutungsebenen besser ergründen zu können.

Um u.a. auch die politischen und soziologischen Aspekte des Dramas in das Blickfeld der Schüler zu rücken, haben wir eine Reihe historischer Quellen und Beschreibungen aufgenommen (vgl. Kap. 3,5 und 6). Es versteht sich, daß auch die literaturwissenschaftliche Diskussion gebührend berücksichtigt worden ist (vgl. Kap. 7). Diese spiegelt noch einmal die zwiespältige Aufnahme und Wirkung des Werkes wider.

Wir haben die „Erläuterungen" bewußt knapp gehalten (vgl. Kap. 4), mochten jedoch nicht ganz auf sie verzichten. So waren uns in besonderer Weise die **Diskussionsanstöße** wichtig (vgl. Kap. 4.4).

Wir hoffen, mit diesem **Materialien- und Erläuterungsband** auch viele Unterrichtende zu erreichen, vielleicht auch jene, die bisher gezögert haben, den „Egmont" im Unterricht der Sekundarstufe II durchzunehmen.

H. U. L. R. P.

2) Wir weisen in diesem Zusammenhang auf den Band 21/22 unserer Reihe „Königs Erläuterungen und Materialien" zu Goethes „Faust" von Gerd Eversberg hin (1985), der ganz wesentlich aus der unmittelbaren Unterrichtspraxis mit Schülern der Jahrgangsstufe 13 erwachsen ist. –
Alle drei Titel haben wir nicht in unsere Literatur-Auswahl (vgl. Kap. 8) aufgenommen, weil in den gegenstandsbezogenen Kapiteln 1-7 darauf nicht mehr zurückgegriffen wird.

Der Wagen stand vor der Tür, aufgepackt war, der Postillon ließ das gewöhnliche Zeichen der Ungeduld erschallen, ich riß mich los, sie wollte mich noch nicht fahren lassen, und brachte künstlich genug die Argumente der Gegenwart alle vor, so daß ich endlich leidenschaftlich und begeistert die Worte Egmonts ausrief:
„Kind, Kind! nicht weiter! Wie von unsichtbaren Geistern gepeitscht, gehen die Sonnenpferde der Zeit mit unsers Schicksals leichtem Wagen durch, und uns bleibt nichts als, mutig gefaßt, die Zügel festzuhalten und bald rechts, bald links, vom Steine hier, vom Sturze da, die Räder abzulenken. Wohin es geht, wer weiß es? Erinnert er sich doch kaum, woher er kam."

Schlußsätze der Goetheschen Autobiographie
„Dichtung und Wahrheit" (1813/30-31)

1. Einleitung

Schillers ausführliche 'Egmont'-Rezension, die im September 1788 in der 'Jenaischen Allgemeinen Literaturzeitung' (Kap. 2.2) erschien, hat Goethe trotz positiver Äußerungen insgeheim sicherlich nicht sehr erfreut. Schillers 'Rezension' lag noch vor der näheren Bekanntschaft und Freundschaft mit Goethe, sie wurde zu einer Zeit verfaßt, als Schiller sich noch erstaunlich negativ gegen den Rivalen äußerte „Dieser Mensch, dieser Goethe ist mir einmal im Wege". Schiller an Körner, 2. II. 1789).
Fünf Jahre später (1794) wäre die Rezension wahrscheinlich nicht mehr so kritisch ausgefallen. Es entbehrt auch nicht der Paradoxie, daß Goethe Schiller zu diesem Zeitpunkt um eine Bearbeitung des Egmont gebeten hat. Das Stück sollte eine bühnenwirksamere Fassung erhalten, da Goethe inzwischen wohl doch Zweifel an der Bühnenwirksamkeit seines 'Egmont' bekommen hatte. Die spätere Kritik hat der Schillerschen Skepsis, wie sie in seiner Rezension unüberhörbar deutlich wird, recht gegeben. Man lese die forcierte und stärker abwertende Rezension Theodor Fontanes (Kap. 2.2). Trotz der enttäuschenden Reaktion selbst der Weimarer Freunde Goethes auf dieses Werk hat der Dichter dem 'Egmont' ein erstaunliches Wohlwollen und tiefe Verbundenheit erhalten.
In der Schlußpassage seiner großen Autobiographie, die ihn bis ins höchste Alter hinein beschäftigte, stimmt der Dichter in Egmonts große Vision ein. Diese Passage haben wir diesem Band als Motto beigegeben.
Die 'Egmont'-Kritik spiegelt die hier angedeutete Zwiespältigkeit des Werkes wie der Rezeption. Bewunderung und schroffe Ablehnung sind von Anfang an zu finden. Den Bewunderern allerdings fällt es bei diesem Drama auffallend schwer, ihre Argumente für das Werk zu akzentuieren; sie sehen sich durchwegs gezwungen, sich auf des Autors (vermeintliche) ideelle Konzeption des Werks zu berufen. Es fällt ihnen vor allem schwer, den Mangel des melodramatischen Schlusses wegzuargumentieren.
Interessant scheint uns die Frage, wie es Goethe gelungen ist, in Egmont das Charakterbild eines großen 'Volksführers' zu entwer-

fen, resp. das eines „dämonischen Menschen". Immerhin scheint sich dieser Adelige für die Belange der Niederländer in die Schanze zu schlagen, da er die Belange der Bürger vor der absoluten Staatsgewalt verficht; dennoch muß er sich von dem Vertreter der Staatsgewalt sagen lassen:
„Und doch hat der Adel mit diesen seinen Brüdern sehr ungleich geteilt." (Alba. Wohnung des Herzogs von Alba. 4. Aufz.).
Egmont weiß auf diesen berechtigten Einwand absolutistischer Tyrannei nichts anderes zu erwidern als: „Das ist vor Jahrhunderten geschehen und wird jetzt ohne Neid geduldet (...)".

2. Zu Goethes „Egmont"

2.1 Goethes Quellen zum 'Egmont'

1) Emanuel van Meteren (1535-1612): HISTORIA, Oder Eigentliche vnd wahrhaffte Beschreibung aller fürnehmen Kriegshände / Gedenckwürdigen Geschichten vnd Thaten / so sich in Niderlandt (...) zugetragen haben
2) Famianus Strada (1572-1649): DE BELLO BELGICO decades duae ab excessu Caroli V. imp. usque ad initium praefecturae Alexandri Farnesii ... Moguntiae 1651

Vgl. hierzu die Quellen, die Schiller für die 'Geschichte des Abfalls der vereinigten Niederlande von der spanischen Regierung' (1788) benutzt (vgl. Kap. 5.2).
Van Meteren berichtet unter protestantischen Aspekten, wohingegen der Jesuit Strada vom katholischen Standpunkt aus schreibt. Schiller trieb ein ausgedehnteres Quellenstudium als Goethe.

2.2 Materialien zur Entstehungs- und Wirkungsgeschichte des „Egmont"

Goethe an Heinrich Christian Boie[3]

Frankfurt, 23. 12. 1774

Ich zeichne mehr, als ich sonst was tue, liedere auch viel. Doch bereit' ich alles, um mit Eintritt der Sonne in den Widder eine neue Produktion zu beginnen, die auch ihren eignen Ton haben soll.

Goethe an Charlotte von Stein[4]

Weimar, 29. 1. 1776

Wir haben heute viel Guts gehandelt über die Vergangenheit und Zukunft – Geht mir auch wie Margreten von Parma: ich sehe viel vor aus, das ich nicht ändern kann.

3) Heinrich Christian Boie (1744-1806), Dichter Regierungssekretär
4) Charlotte von Stein (1742-1827, geb. von Schardt), Gattin des Oberstallmeisters Ernst Josias Friedrich von Stein (1735-1793), mit Goethe freundschaftlich verbunden.

Goethe an Charlotte von Stein

Wörlitz, 14. 5. 1778

Und ich scheine dem Ziele dramatischen Wesens immer näher zu kommen, da mich's nun immer näher angeht, wie die Großen mit den Menschen und die Götter mit den Großen spielen.

Goethes Tagebuch Weimar,

Dezember 1778

Schrieb einige Szenen an 'Egmont'

Goethe an Charlotte von Stein

Wilhelmsthal, 12. 12. 1781

... es geht mir wohl, ich mag die Menschen leiden, und sich mich, ich bekümmre mich um nichts und schreibe Dramas. Mein 'Egmont' ist bald fertig, und wenn der fatale vierte Akt nicht wäre, den ich hasse und notwendig umschreiben muß, würde ich mit diesem Jahr auch dieses lang vertrödelte Stück beschließen.

Goethe an Charlotte von Stein

Buttstädt, 20. 3. 1782

(Nachmittags) Nun will ich mich hinsetzen und einen alten Geschichtsschreiber durchlesen, damit 'Egmont' endlich lebendig werde, oder auch, wenn Du willst, daß er zu Grabe komme ...
Zum 'Egmont' habe ich Hoffnung, doch wird's langsamer gehn, als ich dachte. Es ist ein wunderbares Stück. Wenn ich's noch zu schreiben hätte, schreib' ich es anders, und vielleicht gar nicht. Da es nun aber da steht, so mag es stehen, ich will nur das Allzuaufgeknöpfte, Studentenhafte der Manier zu tilgen suchen, das der Würde des Gegenstands widerspricht.

Goethe an Charlotte von Stein

Kalbsried, 22. 3. 1782

Im Strada, der den alten Niederländischen Krieg geschrieben hat, finden sich gar treffliche Schilderungen von Personen, die ich Dir übersetzen will.

Goethe an Herzog Karl August[5]

Rom, 13. 1. 1787

... nun werd ich gleich den 'Egmont' endigen, daß er wenigstens ein scheinbares Ganze mache.

Aus Goethes 'Italienischer Reise'

Rom, 16. 7. 1787

'Egmont' ist schon bis in denn vierten Akt gediehen, ich hoffe, er soll euch Freude machen. In drei Wochen denke ich fertig zu sein, und ich schicke ihn gleich an Herdern ab.

Aus Goethes 'Italienischer Reise'

Rom, 11. 8. 1787

'Egmont' ist fertig und wird zu Ende dieses Monats abgehen können. Alsdann erwarte ich mit Schmerzen euer Urteil.

Goethe an Philipp Christoph Kayser[6]

Rom, 14. 8. 1787

... will ich Ihnen etwas zusenden, womit Sie sich vielleicht beschäftigen. Ich meine den 'Egmont' im Manuskripte. Er kann auf dem Wege nach Deutschland bei Ihnen durchgehn. Wollten Sie alsdann etwa die Symphonie, die Zwischenakte, die Lieder und einige Stellen des fünften Akts, die Musik verlangen, komponieren, so könnte man es gleich mit der Ausgabe anzeigen, man gewöhnte sich, Ihren Namen mit dem meinigen zu sehen, ... Und es würde die Frage sein, wie bald Sie so eine Arbeit zu liefern getrauten? und ob man sie gleich mit dem fünften Bande ins Publikum schicken könnten? daß Ihre Komposition gleich auf allen Theatern Fuß faßte, denn ich glaube, 'Egmont' wird gleich Gespielt werden. Wenigstens hier und da.

Aus Goethes 'Italienischer Reise'

Rom, 1. 9. 1787

Heute, kann ich sagen, ist 'Egmont' fertig geworden; ich habe diese Zeit her immer noch hier und da daran gearbeitet. Ich schicke ihn

5) Herzog Karl August von Sachsen - Weimar - Eisenach, Mäzen und Freund Goethes.

6) Philipp Christoph Kayser (1755-1823), Komponist, vertonte u. a. Goethesche Gedichte und Singspiele.

über Zürich; denn ich wünsche, daß Kayser Zwischenakte dazu, und was sonst von Musik nötig ist, komponieren möge. Dann wünsch' ich euch Freude daran.

Aus Goethes 'Italienischer Reise'

Rom, 10. 11. 1787

Daß mein 'Egmont' Beifall erhält, freut mich herzlich. Kein Stück hab' ich mit mehr Freiheit des Gemüts und mit mehr Gewissenhaftigkeit vollbracht als dieses; doch fällt es schwer, wenn man schon anderes gemacht hat, dem Leser genug zu tun: er verlangt immer etwas, wie das vorige war.

Goethe an Philipp Seidel[7]

Rom, 8. 12. 1787

Die gute Meinung, die man von meinem Gehirne in Weimar hat, hoffe ich auf die Art zu widerlegen, wie Sophokles eine ähnliche Anklage ablehnte: er schrieb seinen 'Ödipus auf Kolonos' und ob ich gleich meinen 'Egmont' nicht mit jenem Meisterstücke vergleichen will, so wird doch schon dieses Stück hinreichend sein, das Publikum zu überzeugen, daß ich noch bei Sinnen bin.

Aus Goethes 'Italienischer Reise'

Rom, Dezember 1787 (Bericht)

Schon die ersten Briefe aus Weimar über 'Egmont' enthielten einige Ausstellungen über dies und jenes; hierbei erneute sich die alte Bemerkung, daß der unpoetische, in seinem bürgerlichen Behagen bequeme Kunstfreund gewöhnlich da seinen Anstoß nimmt, wo der Dichter ein Problem aufzulösen, zu beschönigen oder zu verstekken gesucht hat. Alles soll, so will es der behagliche Leser, im natürlichen Gange fortgehen; aber auch das Ungewöhnliche kann natürlich sein, scheint es aber demjenigen nicht, der auf seinen eigenen Ansichten verharrt.
Ein Brief dieses Inhalts war angekommen, ich nahm ihn und ging in die Villa Borghese; da mußt' ich denn lesen, daß einige Szenen für zu lang gehalten würden. Ich dachte nach, hätte sie aber auch jetzt nicht zu verkürzen gewußt, indem so wichtige Motive zu entwickeln

7) Philipp Seidel (1755-1820), Goethes Sekretär und Diener.

waren. Was aber am meisten den Freundinnen tadelnswert schien, war das lakonische Vermächtnis, womit Egmont sein Klärchen an Ferdinand empfiehlt.
Ein Auszug aus meinem damaligen Antwortschreiben wird über meine Gesinnungen und Zustände den besten Aufschluß geben. »Wie sehr wünscht' ich nun auch euren Wunsch erfüllen und dem Vermächtnis Egmonts einige Modifikation geben zu können! Ich eilte an einem herrlichen Morgen mit eurem Briefe gleich in die Villa Borghese, dachte zwei Stunden den Gang des Stücks, die Charaktere, die Verhältnisse durch und konnte nichts finden, das ich abzukürzen hätte. Wie gern möcht' ich euch alle meine Überlegungen, mein pro und contra schreiben, sie würden ein Buch Papier füllen und eine Dissertation über die Ökonomie meines Stücks enthalten. Sonntags kam ich zu Angelika und legte ihr die Frage vor. Sie hat das Stück studiert und besitzt eine Abschrift davon. Möchtest du doch gegenwärtig gewesen sein, wie weiblich zart sie alles auseinander legte, und es darauf hinausging: daß das, was ihr noch mündlich von dem Helden erklärt wünschtet, in der Erscheinung implicite enthalten sei. Angelika sagte: da die Erscheinung nur vorstelle, was in dem Gemüte des schlafenden Helden vorgehe, so könne er mit keinen Worten stärker ausdrücken, wie sehr er sie liebe und schätze, als es dieser Traum tue, der das liebenswürdige Geschöpf nicht zu ihm herauf, sondern über ihn hinauf hebe. Ja es wolle ihr wohl gefallen, daß der, welcher durch sein ganzes Leben gleichsam wachend geträumt, Leben und Liebe mehr als geschätzt, oder vielmehr nur durch den Genuß geschätzt, daß dieser zuletzt noch gleichsam träumend wache, und uns still gesagt werde, wie tief die Geliebte in seinem Herzen wohne, und welche vornehme und hohe Stelle sie darin einnehme. –
Es kamen noch mehr Betrachtungen dazu, daß in der Szene mit Ferdinand Klärchens nur auf eine subordinierte Weise gedacht werden konnte, um das Interesse des Abschieds von dem jungen Freunde nicht zu schmälern, der ohnehin in diesem Augenblicke nichts zu hören noch zu erkennen imstande war.«

Goethe an Herzog Karl August

Rom, 28. 3. 1788

Ihr Brief, mein bester Fürst und Herr, in welchem Sie mir Ihre Gedanken über 'Egmont' eröffnen, hat das Verlangen nur vermehrt, mich mit Ihnen über solche und andre Gegenstände mündlich zu unterhalten. Bemerkungen wie die, welche Sie mir schreiben, sind zwar für den Autor nicht sehr tröstlich, bleiben aber doch dem Menschen äußerst wichtig, und wer beide in sich nie getrennt hat, weiß solche Erinnerungen zu schätzen und zu nutzen. Einiges, was Ihnen nicht behagte, liegt in der Form und Konstitution des Stücks und war nicht zu ändern, ohne es aufzuheben. Andres, zum Beispiel die Bearbeitung des ersten Akts, hätte mit Zeit und Muße wohl nach Ihren Wünschen geschehen können. Noch andres, wie zum Beispiel die Äußerung Machiavellens, war mit einem Federstrich ausgelöscht. Es war ein schweres Unternehmen, ich hätte nie geglaubt, es zu vollenden, nun steht das Stück da, mehr, wie es sein konnte, als wie es sein sollte.

Gewiß auch konnte kein gefährlicherer Leser für das Stück sein als Sie. Wer selbst auf dem Punkte der Existenz steht, um welchen der Dichter sich spielend dreht, dem können die Gaukeleien der Poesie, welche aus dem Gebiet der Wahrheit in's Gebiet der Lüge schwankt, weder genugthun, weil er es besser weiß, noch können sie ihn ergötzen, weil er zu nah steht und es vor seinen Auge kein Ganzes wird. Doch alles sei auf die guten Stunden aufgespart, die ich mir neben Ihnen verspreche.

Goethe an Herzog Karl August

Weimar, 1. 10. 1788

In der 'Literatur-Zeitung' steht eine Rezension meines 'Egmonts' (Schillers Rezension, vgl. Kap. 2.2), welche den sittlichen Teil des Stücks gar gut zergliedert. Was den poetischen Teil betrifft, möchte der Rezensent andern noch etwas zurückgelassen haben.

Goethe an August Wilhelm Iffland[8]

Weimar, 30. 3. 1796

Mit dem größten Vergnügen sehe ich ... der Bearbeitung und Aufführung 'Egmonts' entgegen. Es ist das Eigenste, was mir hätte begegnen können, daß ein Stück, auf das ich in mehr als einer Hinsicht längst Verzicht getan habe, mir durch Schiller und Sie so unerwartet wiedergeschenkt wird.

Goethe an Ludwig van Beethoven

Karlsbad, 25. 6. 1811

Die mir zugedachte Musik zu 'Egmont' werde ich wohl finden, wenn ich nach Hause komme, und ich bin schon im voraus dankbar; denn ich habe derselben bereits von mehrern rühmlich erwähnen hören; und gedenke sie auf unserm Theater zu Begleitung des gedachten Stückes diesen Winter geben zu können, wodurch ich sowohl mir selbst, als Ihren zahlreichen Verehrern in unserer Gegend einen großen Genuß zu bereiten hoffe.

Aus Goethes 'Dichtung und Wahrheit', 4. Teil, 20. Buch

Dieses Wesen, das zwischen alle übrigen hineinzutreten, sie zu sondern, sie zu verbinden schien, nannte ich dämonisch, nach dem Beispiel der Alten und derer, die etwas Ähnliches gewahrt hatten. Ich suchte mich vor diesem furchtbaren Wesen zu retten, indem ich mich, nach meiner Gewohnheit, hinter ein Bild flüchtete. Unter die einzelnen Teile der Weltgeschichte, die ich sorgfältiger studierte, gehörten auch die Ereignisse, welche die nachher vereinigten Niederlande so berühmt gemacht. Ich hatte die Quellen fleißig erforscht und mich möglichst unmittelbar zu unterrichten und mir alles lebendig zu vergegenwärtigen gesucht. Höchst dramatisch waren mir die Situationen erschienen und als Hauptfigur, um welche sich die übrigen am glücklichsten versammeln ließen, war mir Graf Egmont aufgefallen, dessen menschlich ritterliche Größe mir am meisten behagte. Allein zu meinem Gebrauche mußte ich ihn in einen solchen Charakter umwandeln, der solche Eigenschaf-

8) August Wilhelm Iffland (1755-1820), Schauspieler, Bühnenschriftsteller, Theaterdirektor in Berlin.

ten besaß, die einen Jüngling besser zieren als einen Mann in Jahren, einen Unbeweibten besser als einen Hausvater, einen Unabhängigen mehr als einen, der, noch so frei gesinnt, durch mancherlei Verhältnisse begrenzt ist. Als ich ihn nun so in meinen Gedanken verjüngt und von allen Bedingungen losgebunden hatte, gab ich ihm die ungemeßne Lebenslust, das grenzenlose Zutrauen zu sich selbst, die Gabe, alle Menschen an sich zu ziehn (attrattiva) und so die Gunst des Volks, die stille Neigung einer Fürstin, die ausgesprochene eines Naturmädchens, die Teilnahme eines Staatsklugen zu gewinnen, ja selbst den Sohn seines größten Widersaches für sich einzunehmen.

Die persönliche Tapferkeit, die den Helden auszeichnet, ist die Base, auf der sein ganzes Wesen ruht, der Grund und Boden, aus dem es hervorsproßt. Er kennt keine Gefahr, und verblendet sich über die größte, die sich ihm nähert. Durch Feinde, die uns umzingeln, schlagen wir uns allenfalls durch; die Netze der Staatsklugheit sind schwerer zu durchbrechen. Das Dämonische, was von beiden Seiten im Spiel ist, in welchem Konflikt das Liebenswürdige untergeht und das Gehaßte triumphiert, sodann die Aussicht, daß hieraus ein Drittes hervorgehe, das dem Wunsch aller Menschen entsprechen werde, dieses ist es wohl, was dem Stücke, freilich nicht gleich bei seiner Erscheinung, aber doch später und zur rechten Zeit, die Gunst verschafft hat, deren es noch jetzt genießt. Und so will ich denn auch hier, um mancher geliebten Leser willen, mir selbst vorgreifen und, weil ich nicht weiß, ob ich so bald wieder zur Rede gelange, etwas aussprechen, wovon ich mich erst viel später überzeugte.

Obgleich jenes Dämonische sich in allem Körperlichen und Unkörperlichen manifestieren kann, ja bei den Tieren sich aufs merkwürdigste ausspricht; so steht es vorzüglich mit dem Menschen im wunderbarsten Zusammenhang und bildet eine der moralischen Weltordnung, wo nicht entgegengesetzte, doch sie durchkreuzende Macht, so daß man die eine für den Zettel, die andere für den Einschlag könnte gelten lassen. Für die Phänomene, welche hiedurch hervorgebracht werden, gibt es unzählige Namen: denn alle Philosophien und Religionen haben prosaisch und poetisch dieses Rät-

sel zu lösen und die Sache schließlich abzutun gesucht, welches ihnen noch fernerhin unbenommen bleibe. Am fruchbarsten aber erscheint dieses Dämonische, wenn es in irgend einem Menschen überwiegend hervortritt. Während meines Lebensganges habe ich mehrere teils in der Nähe, teils in der Ferne beobachten können. Es sind nicht immer die vorzüglichsten Menschen, weder an Geist noch an Talenten, selten durch Herzensgüte sich empfehlend; aber eine ungeheure Kraft geht von ihnen aus, und sie üben eine unglaubliche Gewalt über alle Geschöpfe, ja sogar über die Elemente, und wer kann sagen, wie weit sich eine solche Wirkung erstrecken wird? Alle vereinten sittlichen Kräfte vermögen nichts gegen sie; vergebens, daß der hellere Teil der Menschen sie als Betrogene oder als Betrüger verdächtig machen will, die Masse wird von ihnen angezogen. Selten oder nie finden sie Gleichzeitige ihresgleichen, und sie sind durch nichts zu überwinden, als durch das Universum selbst, mit dem sie den Kampf begonnen; und aus solchen Bemerkungen mag wohl jener sonderbare aber ungeheure Spruch entstanden sein: Nemo contra deum nisi deus ipse.
Von diesen höheren Betrachtungen kehre ich wieder in mein kleines Leben zurück, dem aber doch auch seltsame Ereignisse, wenigstens mit einem dämonischen Schein bekleidet, bevorstanden.

Goethe in 'Über das deutsche Theater' (1815)

Die Gegenwart des vortrefflichen Iffland (1796) gab Gelegenheit zu Abkürzung 'Egmonts', wie das Stück noch bei uns und an einigen Orten gegeben wird.
Daß auch Schiller bei seiner Redaktion grausam verfahren, davon überzeugt man sich bei Vergleichung nachstehender Szenenfolge mit dem gedruckten Stücke selbst. Die persönliche Gegenwart der Regentin zum Exempel vermißt unser Publikum ungern; und doch ist in Schillers Arbeit eine solche Konsequenz, daß man nicht gewagt hat, sie wieder einzulegen, weil andre Mißverhältnisse in die gegenwärtige Form sich einschleichen würden ... Wegen der letzten Erscheinung Klärchens sind die Meinungen geteilt; Schiller war dagegen, der Autor dafür; nach dem Wunsch des hiesigen Publikums darf sie nicht fehlen.

Aus Eckermanns[9] *'Gespräche mit Goethe'*

Weimar. 18. 1. 1825

Schillers Talent war recht für's Theater geschaffen. Mit jedem Stück schritt er vor und war er vollendeter; doch war es wunderlich, daß ihm noch von den 'Räubern' her ein gewisser Sinn für das Grausame anklebte, der selbst in seiner schönsten Zeit ihn nie ganz verlassen wollte. So erinnere ich mich noch recht wohl, daß er im 'Egmont' in der Gefängnisszene, wo diesem das Urteil vorgelesen wird, den Alba in einer Maske und in einen Mantel gehüllt im Hintergrunde erscheinen ließ, um sich an dem Effekt zu weiden, den das Todesurteil auf Egmont haben würde. Hiedurch sollte sich der Alba als unersättlich in Rache und Schadenfreude darstellen. Ich protestierte jedoch, und die Figur blieb weg.

Aus Eckermanns 'Gespräche mit Goethe'

Weimar, 19. 2. 1829

Wir sprachen sodann viel über 'Egmont', der am Abend vorher nach der Bearbeitung von Schiller gegeben worden, und es kamen die Nachteile zur Erwähnung, die das Stück durch diese Redaktion zu leiden hat.

„Es ist in vielfacher Hinsicht nicht gut", sagte ich, „daß die Regentin fehlt; Sie ist vielmehr dem Stücke durchaus notwendig. Denn nicht allein daß das Ganze durch diese Fürstin einen höhern, vornehmern Charakter erhält, sondern es treten auch die politischen Verhältnisse besonders in Bezug auf den spanischen Hof durch ihre Dialoge mit Machiavell durchaus reiner und entschiedener hervor."

„Ganz ohne Frage", sagte Goethe. „Und dann gewinnt auch Egmont an Bedeutung durch den Glanz, den die Neigung der Fürstin auf ihn wirft, sowie auch Klärchen gehoben erscheint, wenn wir sehen, daß die selbst über Fürstinnen siegend Egmonts ganze Liebe allein besiegt. Dieses sind alles sehr delikate Wirkungen, die man freilich ohne Gefahr für das Ganze nicht verletzen darf."

„Auch will mir scheinen", sagte ich, „daß bei den vielen bedeutenden Männerrollen eine einzige weibliche Figur wie Klärchen zu

9) Johann Peter Eckermann (1792-1854), seit 1823 Goethes Sekretär und Vertrauter. Verfasser der 'Gespräche mit Goethe'.

schwach und etwas gedrückt erscheint. Durch die Regentin aber erhält das ganze Gemälde mehr Gleichgewicht. Daß von ihr im Stücke gesprochen wird, will nicht viel sagen; Das persönliche Auftreten macht den Eindruck."

„Sie empfinden das Verhältnis sehr richtig", sagte Goethe. „Als ich das Stück schrieb, habe ich, wie Sie denken können, alles sehr wohl abgewogen, und es ist daher nicht zu verwundern, daß ein Ganzes sehr empfindlich leiden muß, wenn man eine Hauptfigur herausreißt, die ins Ganze gedacht worden und wodurch das Ganze besteht. Aber Schiller hatte in seiner Natur etwas Gewaltsames; er handelte oft zu sehr nach einer vorgefaßten Idee, ohne hinlängliche Achtung vor dem Gegenstande, der zu behandeln war."

„Man möchte auf Sie schelten", sagte ich, „daß Sie es gelitten und daß Sie in einem so wichtigen Fall ihm so unbedingte Freiheit gegeben."

„Man ist oft gleichgültiger als billig", antwortete Goethe. „Und dann war ich in jener Zeit mit andern Dingen tief beschäftigt. Ich hatte so wenig ein Interesse für 'Egmont' wie für das Theater; ich ließ ihn gewähren. Jetzt ist es wenigstens ein Trost für mich, daß das Stück gedruckt dasteht, und daß es Bühnen giebt, die verständig genug sind, es treu und ohne Bestürzung ganz so aufzuführen wie ich es geschrieben."

Goethe in 'Dichtung und Wahrheit', 4. Teil, 19. Stück (1830/31)

Nachdem ich im „Götz von Berlichingen" das Symbol einer bedeutenden Weltepoche nach meiner Art abgespiegelt hatte, sah ich mich nach einem ähnlichen Wendepunkt der Staatengeschichte sorgfältig um. Der Aufstand der Niederlande gewann meine Aufmerksamkeit; in „Götz" war es ein tüchtiger Mann, der untergeht in dem Wahn: zu Zeiten der Anarchie sie der wohlwollende Kräftige von einiger Bedeutung. Im „Egmont" waren es festgegründete Zustände, die sich vor strenger, gut berechneter Despotie nicht halten können. Meinen Vater hatte ich davon auf das lebhafteste unterhalten, was zu tun sei, was ich tun wolle, daß ihm dies so unüberwindliches Verlangen gab, dieses in meinem Kopf schon fertige

Stück auf dem Papiere, es gedruckt, es bewundert zu sehen. Hatt ich in den frühern Zeiten, da ich noch hoffte, Lili mir zuzueignen, meine ganze Tätigkeit auf Einsicht und Ausübung bürgerlicher Geschäfte gewendet, so traf es gerade jetzt, daß ich die fürchterliche Lücke, die mich von ihr trennte, durch Geistreiches und Seelenvolles auszufüllen hatte. Ich fing also wirklich „Egmont" zu schreiben an, und zwar nicht wie den ersten „Götz von Berlichingen" in Reih und Folge, sondern ich griff nach der ersten Einleitung gleich die Hauptszenen an, ohne mich um die allenfallsigen Verbindungen zu bekümmern. Damit gelangte ich weit, indem ich bei meiner läßlichen Art zu arbeiten von meinem Vater, es ist nicht übertrieben, Tag und Nacht angespornt wurde, da er das so leicht Entstehende auch leicht vollendet zu sehen glaubte.

Rezension Schillers 'Über Egmont', Trauerspiel von Goethe. Leipzig, bei Göschen: Goethes Schriften. Fünfter Band. 388 S. 8' in: Jenaische Allgemeine Literaturzeitung. September 1788:

Über Egmont, Trauerspiel von Geothe.

Entweder es sind außerordentliche Handlungen und Situationen, oder es sind Leidenschaften, oder es sind Charaktere, die dem tragischen Dichter zum Stoff dienen; und wenn gleich oft alle diese drei, als Ursach und Wirkung, in einem Stücke sich beisammen finden, so ist doch immer das eine oder das andere vorzugsweise der letzte Zweck der Schilderung gewesen. Ist die Begebenheit oder Situation das Hauptaugenmerk des Dichters, so braucht er sich nur insofern in die Leidenschaft- und Charakterschilderung einzulassen, als er jene durch diese herbeiführt. Ist hingegen die Leidenschaft sein Hauptzweck, so ist ihm oft die unscheinbarste Handlung schon genug, wenn sie jene nur ins Spiel setzt. Ein am unrechten Orte gefundenes Schnupftuch veranlaßt eine Meisterszene im Mohren von Venedig. Ist endlich der Charakter sein vorzüglicheres Augenmerk, so ist er in der Wahl und Verknüpfung der Begebenheiten noch viel weniger gebunden, und die ausführliche Darstellung des ganzen Menschen verbietet ihm sogar, einer Leidenschaft zu viel Raum zu geben. Die alten Tragiker haben sich beinahe einzig auf Situationen und Leidenschaften eingeschränkt. Darum findet man bei ihnen auch nur wenig Individualität, Ausführlichkeit und Schärfe der Charakteristik. Erst in neuern Zeiten, und in diesen erst seit Shakespeare, wurde die Tragödie mit der dritten Gattung bereichert; er war der Erste, der in seinem Macbeth, Richard III. u.s.w. ganze Menschen und Menschenleben auf die Bühne brachte, und in Deutschland gab uns der Verfasser des Götz von Berlichingen das erste Muster in dieser Gattung. Es ist hier nicht der Ort zu untersuchen, wie viel oder wie wenig sich diese nette Gattung mit dem letzten Zwecke der Tragödie, Furcht und Mitleid zu erregen, verträgt; genug, sie ist einmal vorhanden, und ihre Regeln sind bestimmt.

Zu dieser letzten Gattung nun gehört das vorliegende Stück, und es ist leicht einzusehen, inwiefern die vorangeschickte Erinnerung mit demselben zusammenhängt. Hier ist feine hervorstechende Begebenheit, feine vorwaltende Leidenschaft, feine Verwicklung, fein dramatischer Plan, nichts von dem allem; eine bloße Aneinanderstellung mehrerer einzelnen Handlungen und Gemälde, die beinahe durch nichts als durch den Charakter zusammengehalten werden, der an allen Antheil nimmt, und auf den sich alle beziehen. Die Einheit dieses Stücks liegt als weder in den Situationen, noch in irgend einer Leidenschaft, sondern sie liegt in dem Menschen. Egmonts wahre Geschichte konnte dem Verfasser auch nicht viel Mehreres liefern. Seine Gefangennehmung und Verurtheilung hat nichts Außerordentliches, und sie selbst ist auch nicht die Folge irgend einer einzelnen interessanten Handlung, sondern vieler Kleinern, die der Dichter alle nicht brauchen konnte, wie er sie fand, die er mit der Katastrophe auch nicht so genau zusammenknüpfen konnte, daß sie eine dramatische Handlung mit ihr ausmachten. Wollte er also diesen Gegenstand in einem Trauerspiel behandeln, so hatte er die Wahl, entweder eine ganz neue Handlung zu dieser Katastrophe zu erfinden, diesem Charakter, den er in der Geschichte vorfand, irgend eine herschende Leidenschaft unterzulegen oder ganz und gar auf diese zwei Gattungen der Tragödie Verzicht zu thun und den Charakter selbst, von dem er hingerissen war, zu seinem eigentlichen Vorwurf zu machen. Und dieses Letz-

tere, das Schwerere unstreitig, hat er vorgezogen, weniger vermuthlich aus zu großer Achtung für die historische Wahrheit, als weil er die Armuth seines Stoffs durch den Reichthum seines Genies ersetzen zu können fühlte.
Zu diesem Trauerspiele also – oder Rec. müßte sich ganz in dem Gesichtspunkte geirrt haben – wird ein Charakter aufgeführt, der in einem wesentlichen Zeitlauf, umgeben von den Schlingen einer arglistigen Politik, in nichts als sein Verdienst eingehüllt, voll übertriebenen Vertrauens zu seiner gerechten Sache, die es aber nur für ihn allein ist, gefährlich wie ein Nachtwanderer auf jäher Dachspitze wandelt. Diese übergroße Zuversicht, von deren Ungrund wir unterrichtet werden, und der unglückliche Ausschlag derselben sollen uns Furcht und Mitleiden einflößen oder uns tragisch rühren – und diese Wirkung wird erreicht.
In der Geschichte ist Egmont kein großer Charakter, er ist es auch in dem Trauerspiele nicht. Hier ist er ein wohlvollender, heiterer und offener Mensch, Freund mit der ganzen Welt, voll leichtsinnigen Vertrauens zu sich selbst und zu Andern, frei und kühn, als ob die Welt ihm gehörte, brav und unerschrocken, wo es gilt, dabei großmüthig, liebenswürdig und sanft, im Charakter der schöneren Ritterzeit, prächtig und etwas Prahler, sinnlich und verliebt, ein fröhliches Weltkind – alle diese Eigenschaften in eine lebendige, menschliche, durchaus wahre und individuelle Schilderung verschmolzen, die der verschönenden Kunst nicht, auch gar nichts zu danken hat. Egmont ist ein Held, aber auch ganz nur ein flämischer Held, ein Held des sechzehnten Jahrhunderts; Patriot, jedoch ohne sich durch das allgemeine Elend in seinem Freuden stören zu lassen; Liebhaber, ohne darum weniger Essen und Trinken zu lieben. Er hat Ehrgeiz, er strebt nach einem großen Ziele; aber das hält ihn nicht ab, jede Blume aufzulesen, die er auf seinem Wege findet, hindert ihn nicht, des Nachts zu seinem Liebchen zu schleichen, das kostet ihm keine schlaflosen Nächte. Volldreißt wagt er bei St. Quentin und Gravelingen sein Leben, aber er möchte weinen, wenn er von dieser freundlichen, süßen Gewohnheit des Daseins und Wirkens scheiden soll. „Leb ich nur," so schildert er sich selbst, „um aufs Leben zu denken? Soll ich den gegenwärtigen Augen-

blick nicht genießen, damit ich des folgenden gewiß sei? Und diesen wieder mit Sorgen und Grillen verzehren? – Wir haben die und jene Thorheit in einem luftigen Augenblick empfangen und geboren, sind Schuld, daß eine ganze edle Schaar mit Bettelfäden und mit einem selbst gewählten Unnamen dem König seine Pflicht mit spottender Demuth ins Gedächtnis rief, sind Schuld – was ist's nun weiter? Ist ein Fastnachtsspiel gleich Hochverrath? Sind uns die kurzen bunten Lumpen zu mißgönnen, die ein jugendlicher Muth um unsers Lebens arme Blöße hängen mag? Wenn ihr das Leben gar zu ernsthaft nehmt, was ist denn dran? Scheint mir die Sonne heut, um das zu überlegen, was gestern war?" –

Durch eine schöne Humanität, nicht durch Außerordentlichkeit, soll dieser Charakter uns rühren; wir sollen ihn lieb gewinnen, nicht über ihn erstaunen. Diesem Letztern scheint der Dichter so sorgfältig aus dem Wege gegangen zu sein, daß er ihm eine Menschlichkeit über die andere beilegt, um ja seinen Helden zu uns herabzuziehen: – daß er ihm endlich nicht einmal so viel Größe und Ernst mehr übrig läßt, als unsrer Meinung nach unumgänglich erfordert wird, diesen Menschlichkeiten selbst das höchste Interesse zu verschaffen. Wahr ist es, solche Züge menschlicher Schwachheit ziehen oft unwiderstehlich an – in einem Heldengemälde, wo sie mit großen Handlungen in schöner Mischung zerfließen. Heinrich IV. von Frankreich kann uns nach dem glänzendsten Siege nicht interessanter sein, als auf einer nächtlichen Wanderung zu seiner Gabriele; aber durch welche strahlende That, durch was für gründliche Verdienste hat sich Egmont bei uns das Recht auf eine ähnliche Theilnahme und Nachsicht erworben? Zwar heißt es, diese Verdienste werden als schon geschehen vorausgesetzt, sie leben im Gedächtnis der ganzen Nation, und alles, was er spricht, athmet den Willen und die Fähigkeit, sie zu erwerben. Richtig! Aber das ist eben das Unglück, daß wir seine Verdienste von Hörensagen wissen und auf Treu und Glauben anzunehmen gezwungen werden, – seine Schwachheiten hingegen mit unseren Augen sehen. Alles weißt auf diesen Egmont hin, als auf die letzte Stütze der Nation, und was thut er eigentlich Großes, um dieses ehrenvolle Vertrauen zu verdienen? (denn folgende Stelle darf man doch wohl nicht dagegen anführen: „Die Leute", sagt Egmont, „erhalten sie (die Liebe) auch meist allein, die nicht darnach jagen. Klärchen. Hast du diese stolze Unmerkung über dich selbst gemacht, du, den alles Volk liebt? Egmont. Hätte ich nur etwa für Sie gethan! Es ist ihr guter Wille, mich zu lieben.") Ein großer Mann soll er nicht sein, aber auch erschlaffen soll er nicht; eine relative Größe, einen gewissen Ernst verlangen wir mit Recht von jedem Helden eines Stückes, wir verlangen, daß er über dem Kleinen nicht das Große hintansetze, daß er die Zeiten nicht verwechsle. Wer wird z.B. Folgendes billigen? Dranien ist eben von ihm gegangen; Dranien, der ihn mit allen Gründen der Vernunft auf sein nahes Verderben hingewiesen, der ihn, wie uns Egmont selbst gesteht, durch diese Gründe erschüttert hat. „Dieser Mann", sagt er, „trägt seine Sorglichkeit in mich herüber; – weg – das ist ein fremder Tropfen in meinem Blute. Gute Natur, wirf ihn wieder heraus. Und von meiner Stirne die sinnenden Runzeln wegzuhaben, gibt es ja wohl noch ein freundlich Mittel." Dieses freundliche Mittel nun – wer es noch nicht weiß – ist kein andres, als ein Besuch beim Liebchen! Wie? Nach einer so ernsten Aufforderung keinen andern Gedanken, als nach Zerstreuung? Mein, guter Graf Egmont! Runzeln, wo sie hingehören! und freundliche Mittel, wo sie hingehören! Wenn es euch zu beschwerlich ist, euch eurer eignen Rettung anzunehmen, so mögt ihr's haben, wenn sich die Schlinge über euch zusammenzieht. Wir sind nicht gewohnt, unser Mitleid zu verschenken.

Hätte also die Einmischung dieser Liebesangelegenheit dem Interesse wirklich Schaden gethan, so wäre dieses doppelt zu beklagen, da der Dichter noch obendrein der historischen Wahrheit Gewalt anthun mußte, um sie hervorzubringen. In der Geschichte nämlich war Egmont verheiratet: und hinterließ neun (Andere sagen eilf) Kinder, als er starb. Diesen Umstand konnte der Dichter wissen und nicht wissen, wie es sein Interesse mit sich brachte; aber er hätte ihn nicht vernachlässigen sollen, sobald er Handlungen, welche natürliche Folgen davon waren, in sein Trauerspiel aufnahm. Der wahre Egmont hatte durch eine prächtige Lebensart sein Vermögen äußerst in Unordnung gebracht und brauchte also den König, wodurch seine Schritte in der Republik sehr gebunden wurden. Besonders aber war es seine Familie, was ihn auf eine so unglückliche Art in Brüssel zurückhielt, da fast alle seine übrigen Freunde sich durch die Flucht retteten. Seine Entfernung aus dem Lande hätte ihm nicht bloß die reichen Einkünfte von zwei Statthalterschaften gekostet; sie hätte ihn auch zugleich um den Besitz aller feiner Güter gebracht, die in den Staaten des Königs lagen und sogleich dem Fiskus anheim gefallen sein würden. Aber weder er selbst, noch seine Gemahlin, eine Herzogin von Bayern, waren gewohnt, Mangel zu ertragen; auch seine Kinder waren nicht dazu erzogen. Diese Gründe setzte er selbst bei mehreren Gelegenheiten dem Prinzen von Dranien, der ihn zur Flucht bereden wollte, auf eine rührende Art entgegen; diese Gründe waren es, die ihn so geneigt machten, sich an dem schwächsten Alte von Hoffnung zu halten und sein Verhältnis zum König von der besten Seite zu nehmen. Wie zusammenhängend, wie menschlich wird nunmehr sein ganzes Verhalten! Er wird nicht mehr das Opfer einer blinden, thörichten Zuversicht, sondern der übertrieben ängstlichen Zärtlichkeit für die Seinigen. Weil er zu fein und zu edel denkt, um einer Familie, die er über alles liebt, ein hartes Opfer zuzumuthen, stürzt er sich selbst ins Verderben. Und nun der Egmont im Trauerspiel! – Indem der Dichter ihm Gemahlin und Kinder nimmt, zerstört er den ganzen Zusammenhang seines Verhaltens. Er ist ganz gezwungen, dieses unglückliche Bleiben aus einem leichtsinnigen Selbstvertrauen entspringen zu lassen, und verringert dadurch gar sehr unsere Achtung für den Verstand seines Helden, ohne ihm diesen Verlust von Seiten des Herzens zu ersetzen. Im Gegentheil – er bringt uns um das rührende Bild eines Vaters, eines liebenden Gemahls, – um uns einen Liebhaber von ganz gewöhnlichem Schlag dafür zu geben, der die Ruhe eines leibenswürdigen Mädchens, das ihn nie besitzen und noch weniger seinen Verlust überleben wird, zu Grunde richtet, dessen Herz er nicht einmal besitzen kann, ohne eine Liebe, die glücklich hätte weden können, vorher zu zerstören, der also, mit dem besten Herzen zwar, zwei Geschöpfe unglücklich macht, um die sinnenden Runzeln von seiner Stirne wegzuhaben. Und alles dieses kann er noch außerdem erst nur auf Unkosten der historischen Wahrheit möglich machen, die der dramatische Dich-

ter allerdings hintansetzen darf, um das Interesse seines Gegenstandes zu erheben, aber nicht, um es zu schwächen. Wie theuer läßt er uns also diese Episode bezahlen, die, an sich betrachtet, gewiß eines der schönsten Gemälde ist, die in einer größern Composition, wo sie von verhältnißmäßig großen Handlungen aufgewogen würde, von der höchsten Wirkung würde gewesen sein.
Egmonts tragische Katastrophe fließt aus seinem politischen Leben, aus seinem Verhältnis zu der Nation und zu der Regierung. Eine Darstellung des damaligen politisch bürgerlichen Zustandes der Niederlande mußte daher seiner Schilderung zum Grund liegen oder vielmehr selbst einen Theil der dramatischen Handlung mit ausmachen. Betrachtet man nun, wie wenig sich Staatsaktionen überhaupt dramatisch behandeln lassen, und was für Kunst dazu gehöre, so viele zerstreute Züge in ein sachliches, lebendiges Bild zusammen zu tragen und das Allgemeine wieder im Individuellen anschaulich zu machen, wie z.B. Shakespeare in seinem Julius Cäsar gethan hat; betrachtet man ferner das Eigenthümliche der Niederlande, die nicht eine Nation, sondern ein Aggregat mehrerer kleinen sind, die unter sich aufs schärfste contrastieren, so daß es unendlich leichter war, uns nach Rom als nach Brüssel zu versetzen; betrachtet man endlich, wie unzählig viele kleine Dinge zusammenwirkten, um dem Geist jener Zeit und jenen politischen Zustand der Niederlande hervorzubringen: so wird man nicht aufhören können, das schöpferische Genie zu bewundern, das alle diese Schwierigkeiten besiegt und uns mit einer Kunst, die nur von derjenigen erreicht wird, womit es uns selbst in zwei andern Stücken in die Ritterzeiten Deutschlands und nach Griechenland versetzte, nun auch in diese Welt gezaubert hat. Nicht genug, daß wir diese Menschen vor uns leben und wirken sehen, wir wohnen unter ihnen, wir sind alte Bekannte von ihnen. Auf der einen Seite die fröhliche Geselligkeit, die Gastfreundlichkeit, die Redseligkeit, die Großthuerei dieses Volks, der republikanische Geist, der bei der geringsten Neuerung aufwallt und sich oft ebenso schnell auf die leichtesten Gründe wieder gibt; auf der andern die Lasten, unter denen es jetzt seufzt, von den neuen Bischofsmützen an bis auf die französischen Psalmen, die er nicht singen soll – nichts ist vergessen,

nichts ohne die höchste Natur und Wahrheit herbeigeführt. Wir sehen hier nicht bloß den gemeinen Haufen, der sich überall gleich ist, wir erkennen darin den Niederländer und zwar den Niederländer dieses und seines andern Jahrhunderts; in diesem unterscheiden wir noch den Brüssler, den Holländer, den Friesen, und selbst unter diesen noch den Wohlhabenden und den Bettler, den Zimmermeister und den Schneider. So etwas läßt sich nicht wollen, nicht erzwingen durch Kunst. – Das kann nur der Dichter, der von feinem Segenstand ganz durchdrungen ist. (...)
Die wenigen Szenen, wo sich die Bürger von Brüssel unterreden, scheinen uns das Resultat eines tiefen Studiums jener Zeiten und jenes Volks zu sein, und schwerlich findet man in so wenigen Worten ein schöneres historisches Denkmal für jene Geschichte.
Mit nicht geringerer Wahrheit ist derjenige Theil des Gemäldes behandelt, der uns von dem Geiste der Regierung und den Anstalten des Königs zu Unterdrückung des niederländischen Volks unterrichtet. Milder und menschlicher ist doch hier alles, und sehr veredelt ist besonders der Charakter der Herzogin von Parma. „Ich weiß, daß einer ein ehrlicher und verständiger Mann sein kann, wenn er gleich den nächsten und besten Weg zum Heil seiner Seele verfehlt hat," konnte eine Zöglingin des Ignatius Lonola wohl nicht sagen. Besonders gut verstand es der Dichter, durch eine gewisse Weiblichkeit, die er aus ihrem sonst männischen Charakter sehr glücklich hervorscheinen läßt, das kalte Staatsinteresse, dessen Exposition er ihr anvertrauen mußte, mit Licht und Wärme zu beseelen und ihm eine gewisse Individualität und Lebendigkeit zu geben. Vor seinem Herzog von Alba zittern wir, ohne uns mit Abscheu von ihm wegzukehren; es ist ein fester, starrer, unzugänglicher Charakter, „ein eherner Thurm ohne Pforte, wozu die Besatzung Flügel haben muß." Die kluge Vorsicht, womit er die Anstalten zu Egmonts Verhaftung trifft, ersetzt ihm an unserer Bewunderung, was ihm an unserm Wohlwollen abgeht. Die Art, wie er uns in seine innerste Seele hineinführt und uns auf den Ausgang seines Unternehmens spannt, macht uns auf einen Augenblick zu Theilhabern desselben; wir interessieren uns dafür, als gält' es etwas, das uns lieb ist.
Meisterhaft erfunden und ausgeführt ist die Szene Egmonts mit

dem jungen Alba im Gefängnis, und sie gehört dem Verfasser ganz allein. Was kann rührender sein, als wenn ihm dieser Sohn seines Mörders die Achtung bekennt, die er längst im Stillen gegen ihn getragen. „Dein Name war's, der mir in meiner ersten Jugend gleich einem Stern des Himmels entgegen leuchtet. Wie oft hab' ich nach dir gehorcht, gefragt! Des Kindes Hoffnung ist der Jüngling, des Jünglings der Mann. So bist du vor mir her geschritten, immer vor, und ohne Neid sah ich dich vor, und schritt dir nach und fort und fort. Nun hofft' ich endlich dich zu sehen und sah dich, und mein Herz flog dir entgegen. Nun hofft' ich erst mit dir zu sein, mit dir zu leben, dich zu fassen, dich – das ist nun alles weggeschnitten, und ich sehe dich hier!" – Und wenn ihm Egmont darauf antwortet: „War dir mein Leben ein Spiegel, in welchem du dich gern betrachtetest, so sei es auch mein Tod. Die Menschen sind nicht bloß zusammen, wenn sie beisammen sind; auch der Entfernte, der Abgeschiedene lebt uns. Ich lebe dir und habe mir genug gelebt. Eines jeden Tages habe ich mich gefreuet", u.s.w. – Die übrigen Charaktere im Stück sind mit Wenigem treffend gezeichnet; eine einzige Szene schildert uns den schlauen, wortkargen, alles verknüpfenden und alles fürchtenden Oranien. Alba sowohl als Egmont malen sich in den Menschen, die ihnen nahe sind; diese Schiderungsart ist vortrefflich. Um alles Licht auf dem einzigen Egmont zu versammeln, hat der Dichter ihn ganz isoliert, darum auch der Graf von Hoorn, der ein Schicksal mit ihm hatte, weggeblieben ist. Ein ganz neuer Charakter ist Brackenburg, Klärchens Liebhaber, den Egmont verdrängt hat. (...)
Klärchen selbst ist unnachahmlich schön und wahr gezeichnet. Auch im höchsten Adel ihrer Unschuld noch das gemeine Bürgermädchen und ein niederländisches Mädchen – durch nichts veredelt als durch ihre Liebe, reizend im Zustand der Ruhe, hinreißend und herrlich im Zustand des Affekts. Aber wer zweifelt, daß der Verfasser in einer Manier unübertrefflich sei, worin er sein eignes Muster ist!
Je höher die sinnliche Wahrheit in dem Stücke getrieben ist, desto unbegreiflicher wird man es finden, daß der Verfasser selbst sie muthwillig zerstört. Egmont hat alle seine Angelegenheiten berich-

tigt und schlummert endlich, von Müdigkeit überwältigt, ein. Eine Musik läßt sich hören, und hinter seinem Lager scheint sich die Mauer aufzuthun; eine glänzende Erscheinung, die Freiheit, in Klärchens Gestalt, zeigt sich in einer Wolke. – Kurz, mitten aus der wahrsten und rührendsten Situation werden wir durch einen Salto mortale in eine Opernwelt versetzt, um einen Traum – zu sehen. Lächerlich würde es sein, dem Verfasser darthun zu wollen, wie sehr dadurch unserem Gefühle Gewalt angethan werde; das hat er so gut und besser gewußt, als wir; aber ihm schien die Idee, Klärchen und die Freiheit, Egmonts beide herrschende Gefühle, in Egmonts Kopf allegorisch zu verbinden, gehaltreich genug, um diese Freiheit allenfalls zu entschuldigen. Gefalle dieser Gedanke, wem er will – Rec. gesteht, daß er gern einen sinnreichen Einfall entbehrt hätte, um eine Empfindung ungestört zu genießen.

Goethe's Schriften. Rezension in 'Neue Bibliothek der schönen Wissenschaften und der freyen Künste' Leipzig 1789, Bd. 39, 1. Stück, S. 81-134:

Da in diesem Charakter und diesen politischen Umständen der Same so reichlich ausgestreut war, aus welchem das Verderben des Grafen erwachsen mußte, so hielt es der Dichter nicht nur für erlaubt, sondern selbst für nothwendig, manches zu übergehn, was die Geschichte ihm darbot, auch wohl manchen Umstand zu verändern, um die schöne Einheit in dem Gange der Begebenheiten nicht zu stören. Auch hier zeigt sich der weise Dichter, welcher die Grenze seiner Kunst und der Geschichte kennt; die Grenze, welche Aristoteles auf die Weise bestimmt, daß der Geschichtsschreiber die Begebenheiten darstelle, wie sie wären, der Dichter so wie sie sein sollten. Allerdings finden wir in der Geschichte des Grafen noch manchen zufälligen Umstand, welcher sein Verderben beschleunigte, manchen, der an sich betrachtet einer poetischen Behandlung fähig gewesen wäre, und den eben darum der Dichter von niedrigerm Rang mit Begierde ergriffen haben würde, sollte er auch gleich nicht zu den übrigen Theilen seines Gemäldes gepaßt haben.

Theodor Fontane (1819-98) über eine Egmontaufführung (Berlin) in der 'Vossischen Zeitung' am 14. 9. 1870:

„Am Mittwoch 'Egmont' vor einem vollbesetzten Hause. Die Aufführung gab uns wieder Veranlassung zu Parallelen mit früherer Zeit, auch zu der Wahrnehmung, mit wie verschiedenen Augen die verschiedenen Lebensabschnitte die Dinge ansehen. Diese Egmont-Gestalt, das Entzücken unserer Jugend, ist uns heute einfach ein Greuel, eine historische Sünde. Wer fünfzig Jahre alt ist, Geschichte gelesen und in sich aufgenommen hat, kann dem 'Heros deutscher Nation' dieses Attentat gegen eins der schönsten Kapitel der Geschichte der Menschheit nicht verzeihen. Man muß ein alter Geheimrat oder Gymnasialprofessor aus den Studienjahren zwanzig bis dreißig sein, um dies in Abrede zu stellen. Pietätvoll darüber hingehen, mag Pflicht sein; den Verstoß aber feiern, in ihm ein Recht des Genius sehen zu wollen, heißt ohne Recht und ohne Genius an dem Verstoße teilnehmen. Die Zahl derer, die den Mut dazu haben, wird glücklicherweise immer kleiner. (...)
Der Goethesche Egmont, als Einzelfigur, ist nur hinzunehmen, wenn er meisterhaft gespielt wird; aber nichts ist seltener auf der Bühne als diese Gestalt in künstlerischer Vollendung. Liebhaber, Fürst, Held. Wer hat das alles? Er muß sogar einen langen Hals haben."
(Theodor Fontane. Sämtliche Werke. Bd. XXII, 1. Causerien über Theater. Erster Teil. Hrsg. von Edgar Groß und Rainer Bachmann. München: Nymphenburger Verlagshandlung 1964. S. 18 f.)

Die wichtigsten Änderungen des Goetheschen Originaltextes des 'Egmont' in der Bühnenbearbeitung Friedrich Schillers.

Schillers Bearbeitung komprimiert das Drama auf drei Aufzüge, schränkt die Klärchen-Szenen erheblich ein (Klärchens opernhafte Erscheinung am Ende ist gestrichen, Egmont berichtet nur von seinem Traum), die Rolle der Regentin ist gestrichen, die Volksszenen werden erweitert. Schiller arbeitet Theatercoups und -effekte in das Drama hinein (z. B. Alba als Vermummter bei der Urteils-

verkündung). Auf diese Weise wurde das Drama zweifelsohne bühnenwirksamer, die poetische Schönheit des Goetheschen Textes freilich nahm Schaden; wenngleich auf Goethes Intervention die Vermummtenszene von vornherein wieder gestrichen wurde.
In Schillers Version hielt sich das Drama, z. T. neben der Goetheschen Version, nahezu das ganze 19. Jahrhundert auf den Bühnen, obgleich die Goethesche Fassung zunehmend stärker an Resonanz gewann, zumal die Beethovensche Bühnenmusik lediglich zu der 5aktigen Fassung Goethes paßte und in zunehmenden Maß als integrierter Bestandteil des Werkes gewertet wurde. Schiller hat Goethes Konzeption des Egmontschen Charakters verkannt, Goethe hingegen hat an einer effektvollen Aufführbarkeit seines Dramas gezweifelt; wenngleich er ursprünglich an den Bühnenerfolg des Werkes geglaubt hat.

Die wichtigsten Änderungen:

II. Aufzug: Egmonts Wohnung, Dialog Egmont-Oranien.

Streichung der Zeilen 39,27 bis einschl. 39,35; statt dessen Einfügung nach 39,26:

Erster Aufzug. Neunter Auftritt (bei Schiller Umordnung der Aufzüge und Szenen; Verkürzung auf drei Aufzüge)

Prinz von Oranien. Egmont.

Richard dringend und erschrocken.

Egmont. Du siehst ja ganz verstört aus, Richard – was bringst du?

Richard. Die Regentin ruft Euch – Euch auch, Prinz von Oranien! Es ist dringend – der ganze Staatsrat wird versammelt – Macht Euch gefaßt, eine sehr schlimme Zeitung zu vernehmen.

Oranien. Ich lese sie in deinem entfärbten Gesicht – Herzog Alba ist unterwegs.

Richard. Er steht schon an den Grenzen von Brabant, von zehn spanischen Regimentern begleitet.

Egmont und Oranien sehen einander betroffen an.

Richard *fährt nach einer Pause fort.* Soeben brachte ein Eilbote der Statthalterin die Nachricht. – Es sind auch Briefe vom König angekommen, die sie sehr beunruhigen. Ich erfuhr es auf dem Schloß von Donna Elvira und sprengte sogleich hieher, Euch vorzubereiten. – Die Bestürzung ist allgemein; alles zittert vor dem Mordsinne des Herzogs, und man fürchtet, daß die Regentin ihm Platz machen werde.

Egmont. Laß uns allein, Richard.

Richard geht ab.

Zehnter Auftritt

Egmont. Oranien.

Egmont *nach einer Pause.* Euer Geist hat Euch diesmal gut geweissagt, Oranien – aber ich hoffe, Ihr sollt Euch dennoch geirrt haben.

Oranien. Wie, Egmont? Was erwartet Ihr noch? Würde der König einen Alba gewählt haben, um den Weg der Güte zu versuchen? Würde er, den feierlichsten Verträgen zuwider, Spanier in die Niederlande führen, wenn er ihre Freiheit nicht zu Boden treten will?

Egmont *auf- und abgehend, in großer Bewegung.* Aufs neue die Provinzen zu belästigen? (...)

Auf „Wenn Ihr wiederkommt. (*Mutter und Tochter ab.*)" (I, Bürgerhaus, S. 22,3f.) folgt bei Schiller:

Zweiter Aufzug. Fünfter Auftritt

Brackenburg. Klärchen.

Brackenburg kommt still und traurig aus dem Hinterzimmer und stellt sich auf die entgegengesetzte Seite von Klärchen, welche auf ihre Arbeit sieht. Er betrachtet sie eine Zeitlang, ohne zu reden.

Brackenburg. Ihr verschmäht meine Dienste, Klärchen? Sonst war es mein Amt, Euch das Garn zu halten beim Aufwinden. Auch daraus bin ich verdrängt – wie aus allem.

Klärchen *immer an der Arbeit.* Seid nicht wunderlich, Brackenburg! Das ist keine Beschäftigung für Euch.

Brackenburg. Sonst war sie's.

Klärchen. Sonst! Die Zeiten sind vorbei.

Branckenburg. Das fühl' ich.

Klärchen. Versteht mich nicht unrecht. Ich sehe Euch nicht gern als Weib beschäftigt, wenn Euch alles zuruft, ein Mann zu sein.

Brackenburg *grübelnd.* Die Zeiten sind vorbei!

Klärchen. Was war das auf der Straße? Horch!

Brackenburg. Was wird's sein? Es sind die spanischen Patrouillen, die ihre Runde halten.

Klärchen. Seitdem dieser spanische Herzog in unsern Mauern ist, jagt jedes Geräusch mir Schrecken ein. *Indem sie ans Fenster tritt.* Was für finstre, feierliche Gesichter! Mich überläuft's kalt, wenn ich sie ansehe, und es regt sich auch nichts in den Straßen. Kein lustiges Lied hört man mehr. Es ist alles wie ausgestorben.

Brackenburg. Es wird noch leerer werden.

Klärchen *wieder an ihre Arbeit gehend.* So gleichgültig sagt Ihr das? – Brackenburg, ich erkenne Euch nicht mehr. Sonst, wenn vom Vaterland die Rede war, floß es Euch von dem Herzen und von der Zunge, und Eure Kühnheit war kaum zu bändigen. Und jetzt –

Brackenburg. Gebt mir meine alten Hoffnungen wieder, und ich werde wieder der Alte sein. Was kümmert mich die allgemeine Not? Ihr wißt ja am besten ...

Klärchen. Muß ich, das Mädchen, Euch erinnern, was Ihr dem Vaterlande, was Ihr Euch selber schuldig seid? Was kann's helfen, daß Helden wie der Oranier – wie Graf Egmont für unsre Freiheit sich ritterlich wehren, wenn ihnen der Bürger nicht die Hand dazu bieten – nicht den Arm dazu leihen will? Oh, warum bin ich kein Mann, daß ich ihren Fahnen folgen, ihren

Ruhm, ihre Gefahren mit ihnen teilen könnte!

Brackenburg. Klärchen, Ihr wißt, was ein Wink von Euch aus mir machen kann. Sprecht nur ein Wort – ein Wort wie ehemals – und Ihr sollt sehen, was ich vermag, was ich unternehme.

Klärchen. Seht, Brackenburg, ich möchte Euch aufwecken – Euch beschäftigen – möchte Euch so gern Euch selbst wiedergeben. Was wollt Ihr hier? Warum, da alles um Euch her in Bewegung ist, müßige, verlorene Stunden hier verbringen? – Gewinnt es über Euch! Ermannt Euch! Und hört – erscheint nie wieder so vor mir – so nie wieder! – Es ist heraus, was mich längst auf dem Herzen drückte. – Hört Ihr? – Ihr hört nicht. – Was habt Ihr, was wollt Ihr mit diesem Fläschchen?

Er hat tiefsinnig zugehört und in Gedanken eine Phiole aus der Tasche gezogen. Er besinnt sich und will sie verbergen.

Klärchen *ist rascher, reißt sie ihm weg; nach einem bedeutungsvollen Stillschweigen.* Brackenburg! Ihr könnt mit dem Tode spielen?

Brackenburg. Wie Ihr mit mir. – *Nach einer Pause weicher.* Also ist es doch wahr? – Es ist – Klärchen ...?

Klärchen. Was habt Ihr, Sammelt Euch. – Ich muß fort. Meine Mutter ruft. *Will gehen.*

Brackenburg. Ist's möglich? So könnt Ihr von mir scheiden? Ohne ein freundliches Wort der Hoffnung? Ohne mir zu sagen, daß ich wiederkommen soll?

Klärchen. Faßt Euch! Ihr sollt wiederkommen – oft – aber *auf die Phiole zeigend* so etwas nicht mehr, wenn Ihr mich wiedersehen wollt.

Geht ab.

Sechster Auftritt

Brackenburg allein in großer Bewegung.

Sie hat recht! Sie erkennt mich nicht mehr – ich erkenne mich selbst nicht mehr – aber von ihr sollte ich diesen Vorwurf nicht hören. Unglücklicher! So wenig rührt dich der Jammer, die immer wachsende Not deines Vaterlandes! – Und gleich ist dir Landsmann oder Spanier, (...)

Die folgende Richardszene (Schiller II, 11) schließt sich bei Schiller an die Liebesszene Egmont-Klärchen an, die bei Goethe die zweite Hälfte des dritten Aktes bildet und mit Klärchens Worten endet: „So laß mich sterben! Die Welt hat keine Freuden auf diese!" (51,6 f.).

Zehnter Auftritt

Egmont. Klärchen. Richard.

Richard. Werdet nicht ungehalten, Herr, daß ich noch so spät, daß ich an diesem Orte Euch beunruhige. Soeben schickte der Statthalter – Ihr seid auf morgen früh zu ihm gefordert.
Klärchen. Zu dem spanischen Herzog – ach Gott!
Egmont. Auf morgen – warum sagst du mir das noch heute?
Richard. Vergebt – ich glaubte – es könnte sein – Ihr möchtet Vorbereitungen zu treffen haben.
Egmont. Vorbereitungen?
Richard. Der Herzog läßt Euch fordern – der Herzog von Alba.
Egmont. Nun, was denn weiter? – Er wird den Staatsrat versammeln – er wird uns des Königs Willen bekannt machen – den ich nicht spät genug vernehmen kann.
Richard *beunruhigt.* Wenn es nur das wäre –
Klärchen. Gott im Himmel!
Egmont. Was sollte es sonst sein? – Verlaß uns, Träumer! Sieh, wie du mir die Kleine erschreckt hast!
Klärchen *zu Egmont.* Hör ihn – ich bitte dich – hör ihn!
Richard. Wir haben die ganze Nacht zu unserm Vorteil. – Entschließt Euch! Alle Eure Diener sind bereit – Ihr könnt Antwerpen erreicht haben, ehe man Euch hier vermißt.
Egmont. Fliehen soll ich? – Bist du bei Sinnen? – Fliehen – vor wem und weswegen?
Richard *mit Bedeutung.* Weil der Oranier – weil alles, was sich selbst liebt, geflohen ist.
Klärchen. Der Oranier geflohen? Und davon sagtest du mir nichts?

O gewiß, da ist ja alles zu befürchten!

Egmont. Oranien ist nach seiner Provinz, wohin sein Amt ihn rief – das meinige befiehlt mir, hierzubleiben – hier, wo auch mein Herz ist und meine Liebe. *Sie umarmend.*

Richard *dringender einfallend.* Und ein gewisser Tod, wenn Ihr verwegen und allein Euch in des Tigers Höhle stürzt.

Klärchen. Ach nein! Nein, du mußt fort, – du mußt! Wo sich Oranien mit seiner List nicht sicher weiß, bist du mit deiner Redlichkeit verloren!

Egmont. Bedenke, was du sprichst! Vor diesem Alba soll ich mich verkriechen, durch meine Flucht des Stolzen Übermut noch mehren? Und meine Klara ist's, die mir dies rät? Oh, denke nicht so klein von deinem Egmont! Ich bleibe – werde hören, was er will!

Zu Richard Geh du indes voran. Ich folge gleich. *Richard geht langsam und unschlüssig.*

Egmont *ihn zurückrufend.* Und höre! – Zu sehr schon haben ihn die andern merken lassen, daß sie ihn scheuen – fürchten. Ich will ihm diese Lust nicht machen. Geh – und lade alle meine Freunde – meine Diener auf einen Jubel ein auf diese Nacht. – Er wirds erwarten, daß wir sorgend harren, was uns der Morgen bringen werde. Gut! Wir wollen ihm mit unsrer lauten Lust die ganze Nacht verderben. *Klärchen umarmend.* Liebchen, lebe wohl! Auf Wiedersehen für morgen! *Will gehen.*

Klärchen. Für morgen – ach! *Sie zittert und will sinken.*

Egmont. Was ist dir? – Fasse dich!

Klärchen *sinkt ihm an die Brust.* Ich weiß es nicht. – Mir ist so bange so schwer, als ob ich dich – zum letztenmal –

Egmont *unwillig zu Richard.* Mit deiner albernen Besorgnis! Komm zu dir, Liebe! Sieh, dein Egmont lebt, wird leben, was die Tyrannei auch spinnt! Des Volkes Liebe – meine gute Sache verbürgen jedes Haar auf meinem Haupt – Sieh da, die Mutter –

Eilfter Auftritt

Vorige. Klärchens Mutter.

Mutter. Klärchen! Gott, was gibt's?
Egmont. Beruhigt sie, Mutter! - Richard komm! *Geht.*
Klärchen *ruft ihm nach.* Egmont!
Egmont. Klärchen! *Kehrt noch einmal zurück, umarmt sie, dann beide auf verschiedene Seiten ab.*

Goethe: 5. Aufzug, Gefängnis / Schiller III,5

Dritter Aufzug. Fünfter Auftritt

Egmont. Ferdinand und Silva, von einem Vermummten und einigen Gewaffneten begleitet. Voraus vier Fackelträger.
Silva *noch außerhalb.* Ihr andern wartet!
Egmont. Wer seid ihr? Was kündigen eure unsicheren, trotzigen Blicke mir an? Warum diesen fürchterlichen Aufzug?
Silva. Uns schickt der Herzog, dir dein Urteil anzukündigen.
Egmont. Bringst du den Henker gleich mit, es zu vollenden?
Er sieht den Vermummten an, der näher vorkommt und ihm gerad gegenübertritt. Ferdinand hält sich in der Ferne.
Silva. Vernimm es, so wirst du wissen, was deiner wartet!
Egmont. So ziemt es euch und eurem schändlichen Beginnen! In Nacht gebrütet und in Nacht vollführt! *Immer auf den Vermummten die Augen heftend.* Tritt kühn hervor, der du das Schwert verhüllt unter dem Mantel trägst! Hier ist mein Haupt, das freieste, das je die Tyrannei vom Rumpf gerissen.
Silva. Du irrst! Was gerechte Richter beschließen, werden sie vorm Angesicht des Tages nicht verbergen.
Egmont. So übersteigt die Frechheit jeden Begriff und Gedanken.
Silva *nimmt einem Dabeistehenden das Urteil ab, entfaltet's und liest.* „Im Namen des Königs und kraft besonderer, von Seiner Majestät uns übertragenen Gewalt, alle seine Untertanen, wes Standes sie seien, zugleich die Ritter des Goldenen Vließes zu

richten, erkennen wir –"

Egmont. Kann die der König übertragen?

Silva. „Erkennen wir, nach vorgängiger genauer, gesetzlicher Untersuchung, dich, Heinrich Grafen Egmont, Prinzen von Gaure, des Hochverrats schuldig und sprechen das Urteil, daß du mit der Frühe des einbrechenden Morgens aus dem Kerker auf den Markt geführt und dort vorm Angesicht des Volks zur Warnung aller Verräter mit dem Schwerte vom Leben zum Tode gebracht werden sollest. Gegeben Brüssel am" *Datum und Jahreszahl werden undeutlich gelesen, so daß sie der Zuhörer nicht versteht.*

„Ferdinand, Herzog von Alba." Du weißt nun dein Schicksal; es bleibt dir wenige Zeit, dich rein zu ergeben, dein Haus zu bestellen und von den Deinigen Abschied zu nehmen.

Silva mit dem Gefolge ab. Es bleibt der Vermummte mit Ferdinand und zwei Fackeln; das Theater ist mäßig erleuchtet.

Sechster Auftritt

Egmont. Ferdinand. Der Vermummte und einige Fackelträger.

Egmont *hat eine Weile, in sich versenkt, stille gestanden und Silva, ohne sich umzusehen, abgehen lassen. Er glaubt sich allein, und da er die Augen aufhebt, erblickte er Albas Sohn.*
Du stehst und bleibst? Willst du mein Erstaunen, mein Entsetzen noch durch deine Gegenwart vermehren? Willst du noch etwa die willkommne Botschaft deinem Vater bringen, daß ich unmännlich verzweifle? Geh! Sag ihm, sag ihm, daß er weder mich noch die Welt belügt! *Er bemerkt den Vermummten, sieht ihn eine Weile forschend an, fährt dann fort, die Worte zum Teil an diesen richtend.* Ihm, dem Ruhmsüchtigen, wird man es erst hinter den Schultern leise flüstern, dann laut und lauter sagen, und wenn er einst von diesem Gipfel herabsteigt, werden tausend Stimmen es ihm entgegenrufen: Nicht das Wohl des Staats, nicht die Ruhe der Provinzen haben ihn hierher gebracht. Um sein selbst willen hat er Krieg geraten, daß der

Krieger im Kriege gelte. Er hat diese ungeheure Verwirrung erregt, damit man seiner bedürfe. Und ich falle, ein Opfer seines niedrigen Hasses, seines kleinlichen Neides. Ja, ich weiß es, und ich darf es sagen, der Sterbende kann es sagen: Mich hat der Eingebildete beneidet; mich wegzutilgen, hat er lange gesonnen und gedacht.
Schon damals, als wir, noch jünger, mit Würfeln spielten und die Haufen Goldes, einer nach dem andern, von seiner Seite zu mir herübereilten, da stand er grimmig, log Gelassenheit, und innerlich verzehrt' ihn die Ärgernis, mehr über mein Glück als über seinen Verlust. Noch seh' ich seinen funkelnden Blick, als wir an einem öffentlichen Feste vor vielen tausend Menschen um die Wette schossen. Er forderte mich auf, und beide Nationen standen; die Spanier, die Niederländer wetteten und wünschten. Ich überwand ihn; seine Kugel irrte, die meine traf; ein lautes Freudengeschrei der Meinigen erfüllte die Luft. Nun trifft mich sein Geschoß. Sag ihm, daß ich's weiß, daß ich ihn kenne, daß die Welt ihn kennen wird – daß sie ihm früher oder später die Larve abreißen wird *indem er schnell auf den Vermummten zugeht und ihm das Gesicht entblößt,* wie ich sie ihm jetzt hier abreiße. *Man erkennt den Herzog von Alba, der schnell sich entfernt.*

Siebenter Auftritt

Egmont. Ferdinand noch immer unbeweglich stehend.

Egmont *nach einer Pause.* O des kläglichen Tyrannen – Todesurteile kann er schreiben, aber den Blick des bessern Mannes kann er nicht aushalten. *Zu Ferdinand.* Stehst du noch hier? Warum folgst du ihm nicht? Schäme dich nur – schäme dich für den, den du gerne von ganzem Herzen verehren möchtest.
Ferdinand. Ich höre dich an, (...)

3. Historische Quellen

3.1 Aus einem Aufruf Wilhelms von Oranien an die niederländische Bevölkerung 1568

Aus M. Gachard, Correspondence de Guillaume le Taciture

„Es ist allen Einwohnern der Niederlande bekannt genug, wie die Spanier seit langem versucht haben, das Land nach ihrem Belieben zu regieren. Sie haben die niederländischen Untertanen bei Seiner Majestät (Philipp II.) unter dem Vorwande der Ketzerei so verleumdet, daß der Fürst die Einführung der Inquisition in den Niederlanden zugestanden hat. Infolgedessen ist in einigen Städten Aufruhr durch den unüberlegten Zorn der Bevölkerung entstanden. Aus diesem Grunde haben die Spanier die Angelegenheit bei dem König so zu entstellen verstanden, daß er den Herzog Alba mit seiner spanischen Armee ins Land geschickt hat. Die Absicht des Herzogs ist keine andere, als die Untertanen ohne Unterschied mit ganzer Brutalität zu behandeln, Gute und Schlechte gleichmäßig zu verjagen, zu berauben und zu massakrieren. Um ohne Hindernis ihre tyrannischen Pläne durchführen zu können, haben die Spanier und andere Blutmenschen den lange versprochenen Besuch verhindert, damit Seine Majestät nichts von der Unschuld der Untertanen erführe. Es ist nicht notwendig, hier die Folgen der unerträglichen Inquisition zu erwähnen. Denn es ist offenkundig, daß durch sie Ehre, Leben, Hab und Gut eines jeden abhängig gemacht ist von der Habsucht, dem Haß und dem Übelwollen irgendeines Lumpenhundes oder bösartigen Angebers. Und der Herzog Alba hat bereits die geschriebenen Rechte und Privilegien des Landes unterdrückt und sogar die von Seiner Majestät selbst beschworenen Eide gebrochen. Was können die guten Untertanen des Königs anderes von Alba erwarten, als gezwungen zu werden, entweder Jesus Christus zu verleugnen oder zum Märtyrertode verdammt zu werden, mindestens aber Besitz und Vaterland zu verlieren. Deshalb müssen mit vollem Recht diejenigen als Wahnsinnige angesehen werden, die sich auf Albas betrügerische Versprechungen verlassen. Dafür sind bejammernswürdige Zeugen die Herren Grafen

(Egmont und Hoorn) und so viele Edelleute und andere ausgezeichnete Männer, welche die barbarische Grausamkeit des Herzogs am eigenen Leibe erfahren haben und unmenschlicherweise hingerichtet worden sind.
Da wir nun sehen, daß alles vergeblich ist, daß die Wahrheit nicht zu den Ohren des Königs kommt, und da Wir inständig gebeten worden sind von den getreuen Untertanen Seiner Majestät, der einen wie der andern Religion, haben Wir die Waffen ergriffen, zur Ehre Gottes, zur Ausbreitung seines Wortes, zum Schutze der Gläubigen, im Dienste des Königs, zum Schutze des Landes, zur Aufrechterhaltung seiner Freiheit und seiner Priviligien. Mit der Gnade des gütigen Gottes, der Feind ist allen Tyrannen und Blutmenschen, wollen wir der grausamen Tyrannei der Spanier entgegentreten und Gut und Blut nicht sparen. Zu diesem Ziele haben wir schon mit göttlicher Hilfe eine beachtenswerte Armee gesammelt, zu Fuß und zu Pferde, mit Artillerie und Munition. Und wir ermahnen allen und jeden getreuen Untertanen Seiner Majestät, sich den allgemeinen Ruin des Vaterlandes, ihrer und ihrer Kinder Knechtschaft, das entsetzliche Blutvergießen des Tyrannen, die bemitleidenswerte Vernichtung der evangelischen Lehre zu Herzen zu nehmen. Deshalb ist es notwendig, daß alle guten Untertanen sich selbst helfen und sich jetzt – denn wir marschieren schon mit einer großen Armee – als wahre Diener Gottes, des Königs und des Vaterlandes und als opferbereite Verteidiger ihrer Freiheit zeigen. Wer aber den Ausgang abwarten will, ohne sich für das Vaterland einzusetzen, den wird Gott nicht ungestaft lassen, den wollen Wir als Feigling und als Königs- und Vaterlandsveräter ansehen. Möchte jeder guten Willens und getreuen Herzens teilnehmen an diesem heiligen, gerechten, notwendigen und allgemeinen Verteidigungswerk, auf daß die barbarische und entsetzliche Grausamkeit des Herzogs Alba bald gebändigt und Staat und Land in ihre alten Rechte und Privilegien wieder eingesetzt werden, in schuldigem Gehorsam gegen Seine Majestät."

3.2 König Philipp II. an den Prinzen von Parma

Nach der Correspondence du cardinal de Granvelle

„Es scheint uns, daß man den Krieg mit allen erdenklichen Mitteln gegen ihn (den Prinzen von Oranien) führen muß. Und deshalb habe ich gedacht, daß es nicht übel wäre, nach dem Vorbild der Reichsacht ein Edikt gegen ihn von mir aus zu erlassen, das sich auf die Übel und Schäden gründet, die er verursacht hat ... Und zum Schluß nach dem Vorbild der besagten Acht seine Person und die ihm gehörigen Güter jedem beliebigen preisgeben, ungestraft seine Person zu verletzen und die Güter, die ihm noch gehören, in seinem Besitz zu nehmen ..."

3.3 Unabhängigkeitserklärung der Niederlande 1581

Nach dem deutschen Auszug bei Georg Weber; Guggenbühl-Huber, Quellen zur Geschichte der Neueren Zeit, Zürich 1956, S. 163.

„Ein Volk ist nicht wegen des Fürsten, sondern ein Fürst um das Volkes willen geschaffen; denn ohne das Volk wäre er ja kein Fürst. Er ist dazu da, daß er seine Untertanen nach Recht und Billigkeit regiere und sie liebe wie ein Vater seine Kinder, daß er treu walte, wie ein Hirt über seine Herde. Behandelt er sie aber nicht so, sondern bloß wie Sklaven, dann hört er auf, ein Fürst zu sein und ist ein Tyrann. Die Untertanen aber haben das Recht, nach gesetzlichem Beschluß ihrer Vertreter, der Stände, wenn kein anderes Mittel mehr übrig ist und sie durch keine Vorstellung ihrer Not irgendwelche Versicherung der Freiheit für Leib und Gut, für Weib und Kind von dem Tyrannen erlangen können, diesen zu verlassen. Unter dem Vorwand der Religion hat der König von Spanien eine Tyrannei einzurichten versucht und, ohne auf irgendeine Vorstellung des Landes zu achten, dessen Privilegien verletzt, den Eid gebrochen, den er auf deren Erhaltung geschworen. Und so erklären wir denn jetzt den König von Spanien verlustig jedes Anspruchs auf die Herrschaft in den Niederlanden; wir entbinden hiermit alle Amtsleute, Obrigkeiten, Herren, Vasallen und Einwohner von dem einst dem König von Spanien geleisteten Eid des Gehorsams und der Treue und befehlen allen Beamten, fortan den Namen, die Titel und die Siegel des Königs von Spanien nicht mehr zu gebrauchen und einen neuen Eid abzulegen, des Inhalts, uns treu zu sein gegen den König von Spanien und alle seine Anhänger."

4. Hilfen für das Lesen und Interpretieren des Dramas

4.1 Wort- und Sacherklärungen

Margarete von Parma (1522-86), Halbschwester Philipps II.
Graf Egmont = Lamoral Graf von Egmont (1522-68)
Wilhelm von Oranien (1533-84)
Herzog von Alba = Don Fernando Alvarez de Toledo, Herzog von Alba (1507-82)

Seiten- und Zeilenangaben beziehen sich auf die Ausgabe in Reclams Universal-Bibliothek (Nr. 75).

5,10 **Meister und König:** Meister aller Schützen und Schützenkönig
5,20 **Pritschmeister:** Person, die mit einer Pritsche (Stab oder Schwert) die Treffer auf der Tafel anzeigt
6,9 **gastieren:** bewirten
6,12 **ohne Präjudiz:** kein Beispiel für spätere Fälle schaffen
6,33 f. **wie er seinem Sohn das Regiment hier abtrat:** Karl V. dankte am 25. 10. 1555 ab und übertrug die Regierung in den Niederlanden seinem Sohn Philipp ab. Karl verließ das Land 1556, Philipp II. im Jahre 1559
7,17 **St. Quintin:** St. Quentin. In Nordfrankreich. 1557 siegten hier Spanier und Engländer über die Franzosen.
7,18 **Gravelingen:** Gravelines; an der französischen Küste bei Calais. Philipp II. siegte hier 1558 über die Franzosen. Held der Schlacht war Egmont.
7,30 f. **Da ward Egmont das Pferd ...:** Vgl. 21, 17 ff.
7,37 **Admiral Malin:** englischer Vizeadmiral

8,6 **beidlebig:** amphibisch, im Wasser und auf dem Lande lebend

8,10 f. **die welsche Majestät:** König Heinrich II. (1547-59), franz. König

8,26 **die vierzehn neuen Bischofsmützen:** die vier niederl. Bistümer wurden auf Betreiben Philipps auf 18 erhöht. Der niederl. Adel wurde dabei gegen die Gewohnheit nicht angehört; zudem zeigte sich Philipps Absicht, die spanische Inquisition strenger durchzuführen

8,39 **die neuen Psalmen:** Clément Marot war der Verfasser dieser Psalmen, auf Calvins Anweisung, diese wurden von der Sorbonne als ketzerisch verurteilt und verboten

9,8 **Gent:** Hauptstadt der belg. Provinz Ostflandern

9,9 **Ypern:** Stadt in Westflandern

9,21 **Die Inquisition kommt nicht auf:** Inquisition = strenge geistliche Gerichte, gegen die Ketzerei errichtet, 1522 in den Niederlanden von Karl V. eingeführt. Unter Philipp II. in ihrer Wirksamkeit verstärkt.

11,3 **die spanischen Besatzungen:** Philipp zog die in den Niederlanden unrechtmäßigerweise zurückgelassenen Truppen erst 1561 zurück

11,6 **Vexier' Er sich:** Foppe er sich selbst

15,2 **Statthalterschaften:** Gouverneursämter. Gouverneur = Stellvertreter des Königs in der Provinz

16,6 **Mit seinen Gesundheiten:** mit seinen Trinksprüchen

16,10 **die neuen Livreen:** richtet sich gegen die Eitelkeit und Prunksucht des Kardinals Granvella. Die Adeligen trugen zum Protest graue Livreen mit einem Abzeichen auf dem Arm: Kopf mit der Narrenkappe

16,36 **Golden Vlies:** der Orden des Goldenen Vlieses, gestiftet 1429. Mitglieder waren Vertreter des Hochadels. Gerichtlich unterstanden sie dem Ordenskapitel.

17,7 f. **Habt Ihr den Rat zusammenberufen lassen?:** Staatsrat. Egmont, Oranien und Hoorn gehörten ihm an. Wichtiges niederländisches Exekutivorgan

21,33 **besorgen:** befürchten

24,13 **unsere Gerechtsame:** unsere Rechte
25,23 **Branntewinzapf:** Branntweinsäufer
26,31 **Landrechten:** die Provinzen und ihre Bürger hatten Sonderrechte, nur nach diesen Gesetzen durften die Bürger gerichtet werden
26,39 **Friedrich der Krieger:** wahrscheinlich Kaiser Friedrich III. (1439-93)
34,26 f. **Hofkadenz:** Kadenz = Schluß eines Musikstücks oder Verses. Betonung des Taktmäßigen des Hofzeremoniells
35,16 **Schar mit Bettelsäcken:** die niederländischen Adeligen wurden mit einem Spottnamen des Grafen Barlaimont (tas de gueux) belegt. Geusen-Bettler.
35,40 f. **Kind! Kind! nicht weiter ...:** Anspielung auf die griechische Mythologie: Phaethon, der Sohn des Sonnengottes, scheiterte mit dem Versuch, die Pferde seines Vaters durch den Himmel zu lenken. Jupiter schleuderte seinen Donner gegen den Sonnenwagen.
36,27 **(Oranien kommt)):** Oranien und Egmont trafen sich im April 1567 in Willebroek
37,10 **Kunkelhof:** Schar von Spinnerinnen
39,16 **Panier:** Banner, Fahne
39,29 **Alba ist unterwegs:** Alba traf am 22. 08. 1567 in Brüssel ein
46,3 f. **ich werde ihm mit der besten Art Platz machen:** Margarete dankte in Wahrheit erst nach Albas Eintreffen ab
48,1 **Wochenkind:** Baby
48,23 **spanisch zu kommen:** nach spanischer Mode gekleidet zu kommen
48,35 **Passementarbeit:** aufgenähte Borte
48,40 **was man mit Müh und Fleiß verdient:** (Pretium laborum non vile), Motto des Ordens vom Goldenen Vlies
50,9 **Podagra:** Gicht
50,10 **Amazone:** kriegerisches, bewaffnetes Weib
52,24 **bei dem besonders niedergesetzten Gerichte:** der von Alba eingesetzte 'Rat der Unruhen', auch 'Blutrat' genannt, seine Urteile waren endgültig

53,7 **Zuchtmeister:** Kerkermeister

54,38 **eine Schneiderader:** die Schneider gelten im Volk als furchtsam

55,35 **Inquisiten:** Angeklagten

55,39 **zum Schelmen verhört hatte:** in der Weise verhört, daß er schuldig erschien

56,22 **in effigie hängen:** symbolisch aufhängen

57,8 **Der Culenburgische Palast:** Alba wohnte zeitweise im Palast des Grafen von Kuilemburg

57,18 **Kordon:** Absperrung

58,2 f. **die Franzosen, Königlichen und Ketzer ...:** König Karl IX. (1560-74) von Frankreich hatte eine Armee (die Königlichen) ausgesandt, um die Spanier zu beobachten und einen Streit zwischen ihnen und den Hugenotten (Ketzern) zu vermeiden

62,15 **Er kommt nicht:** Oranien war über Albas Absichten genau unterrichtet und hatte geraume Zeit vor Albas Eintreffen seine Ämter niedergelegt und sich ins Ausland zurückgezogen

64,25 **Generalpardon:** Amnestie für politische Verbrechen

66,3 **ein doppeltes Joch:** religiöse und politische Unterdrükkung

72,26 **Er kommt von Gent!:** Nach den Siegen von St. Quentin und Gravelines zog Egmont über Gent nach Brüssel

75,2 **Myrtenkranz:** Symbol der Liebe

75,33 f. **dem erdgebornen Riesen gleich:** Antäos bezog seine abnorme Kraft aus der Berührung mit der Erde. Herakles konnte ihn nur besiegen, indem er ihn hochhob und erstickte

78,30 **den seligen Gefilden:** in der griechischen Mythologie der Ort, an dem die glücklichen Seelen nach dem Tode weilen

80,36 **den Vorhang:** den Schleier des Vergessens

4.2 Inhaltsskizze[10]

4.2.1 Erster Aufzug

Auf einem freien Platze bei Brüssel geht es lustig zu. Das Armbrustschießen, das die Niederländer über alles lieben, neigt sich dem Ende zu. Der Krämer Soest hat als vorletzter Schütze soeben den besten Schuß getan und ruft triumphierend dem Schneider Jetter zu, er solle sich mit dem letzten Schusse beeilen, aber sich ja nicht einbilden, ihn etwa abschießen zu können. Doch Jetter verhandelt seinen Schuß an Buyck, einen Soldaten, der unter Egmont gedient hat, und dieser tut wirklich einen noch besseren Schuß als Soest und erlangt somit die Königswürde. Um sich „für viele Höflichkeit" dankbar zu zeigen, bewirtet Buyck nun die Anwesenden mit Wein. Das Gespräch wendet sich darauf politischen Dingen zu. Hierbei tritt vor allem die **Abneigung der Bürger gegen Philipp II.** deutlich zutage, der, ganz anders als sein Vater Karl V., kein Herz für die Niederländer habe, ja, der sie verachte und drücke (S. 7).
Ganz das Gegenteil sei **Graf Egmont,** dem als echten Niederländer die Fröhlichkeit, das freie Leben und die Gutmütigkeit aus den Augen blicke, der leutselig gegen seine Untergebenen und freigebig gegen Bedürftige sei, der auch in ritterlichen Übungen, so im Schießen mit der Armbrust, alle übertreffe und endlich in den Schlachten von St. Quentin und Gravelingen mit der größten Tapferkeit und mit Verachtung jeder Gefahr gekämpft und sich unsterblichen Ruhm erworben habe. Deshalb bringt Buyck, der Soldat, auf ihn das erste Hoch aus. Beim zweiten Hoch gedenkt Soest der Regentin Margarete von Parma, die vom König als Statthalterin eingesetzt ist. Zwar läßt man ihr alle Gerechtigkeit widerfahren, aber man macht ihr doch den Vorwurf, daß sie sich zu sehr nach dem Willen des Königs richte und zu wenig nach den Wünschen des Volkes frage. Als ein Hauptgrund der Mißstimmung wird die Vermehrung der Zahl der Bischöfe hervorgehoben. Mit besonderer Erbitterung aber wird des Verbotes der französischen Psalmen gedacht, die sich doch so schön singen ließen und nichts Anstößiges

10) In Klammern Seitenangaben nach der Reclam-Ausgabe (Band Nr. 75)

enthielten, und ebenso des Verbotes der Predigten lutherischer Redner, die so frisch und allgemein verständlich sprächen und sich immer an die Bibel hielten. Über dem Kannegießern haben sie ganz den Wein vergessen und den einen, an den jetzt Buyck erinnert mit den Worten: „Oranien ist noch nicht genannt!" Jetter findet für ihn und seine Bedeutung das rechte Bild, wenn er sagt: „Das ist ein rechter Wall: wenn man nur an ihn denkt, meint man gleich, man könne sich hinter ihm verstecken und der Teufel brächte einen nicht hervor." Das Hoch Ruysums auf die Soldaten und den Krieg findet bei den Bürgern Widerspruch, dagegen stimmen alle in die „bürgerliche Gesundheit" auf Sicherheit und Ruhe, Ordnung und Freiheit ein (S. 11).

Hat uns der erste Auftritt vor Augen geführt, welche Liebe und welches Ansehen Egmont bei dem Volke, Bürgern wie Soldaten, genießt, so lernen wir nun die Meinung der Regentin über ihn kennen. **Margarete von Parma** hat soeben die Kunde von dem Bildersturme in Flandern, der Provinz Egmonts, erhalten. Sie sieht voraus, daß er die höchste Erbitterung ihres Bruders hervorrufen und daher für die Niederlande von verhängnisvollen Folgen sein wird. Die Sorge um die Meinung des Königs hat sie so aufgeregt, daß sie die beabsichtigte Jagd abbestellen und ihren Geheimschreiber kommen läßt, um ihm noch einmal die sorgfältige Abfassung des Berichtes und seine schleunige Absendung an den König zur Pflicht zu machen. Margarete muß fürchten, der König werde den Bildersturm, vor dem ihr eigenes treukatholisches Herz zurückbebt, ihrer Güte und Sanftmut zuschreiben, obgleich sie sich bewußt ist, das Nötigste dagegen getan zu haben. Auch jetzt noch hofft sie nichts von Strenge, und so ist sie der Zukunft gegenüber rat- und hoffnungslos. Zuletzt muß sie sich ihre Ohnmacht mit dem bitteren Gefühle verletzten Herrscherstolzes entsagungsvoll eingestehen (S. 11/12).

Nachdem ihr **Sekretär Machiavell** sie über den Bericht beruhigt hat, indem er eine kurze, aber anschauliche Schilderung des Bildersturmes und seiner weiten und raschen Verbreitung entwirft, fordert ihn die Regentin auf, seine Meinung auszusprechen. Er wiederholt seine oft geäußerte Ansicht, daß nur Duldung die Ruhe wiederherstellen könne. Margarete weist diesem Rate gegenüber auf den entschiedenen Willen ihres königlichen Bruders hin, der auf eifrigste Verfolgung der Ketzer dringe. Als aber Machiavell, in der Überzeugung, daß es unmöglich sei, Philipps Wunsch zu erfüllen, sie an den wahren Beruf eines Herrschers über Bürger zweierlei Glaubens erinnert, zieht sie sich, da sie im Grunde ihres Herzens ihm recht geben muß, mit einem Tadel seiner Kühnheit auf die Sorge für die Erhaltung der reinen Lehre als heiligste, über alles gehende Pflicht gegen Gott zurück. Dann bringt sie schnell die Rede auf Egmont. Sie schätzt ihn, sein gleichgültiges und leichtsinniges Benehmen aber, das er bei der Nachricht von dem Bildersturme gezeigt hat, kann sie nicht billigen. Sie fürchtet ihn zwar nicht wie Oranien, dessen geheimnisvolle Pläne ihr Sorge machen, aber die stolze, freie Haltung des Mannes, der sich stellt, als sei er der Herr im Lande, ist ihr zuwider, und sie hebt besonders den Schaden hervor, den er der Sache des Königs durch seine Scherzreden, die neuen Livreen und die törichten Abzeichen der Bedienten zugefügt habe. Sie gibt ihm die Schuld, daß er – nur um seinen Einfluß zu zeigen und sich beim Volke beliebt zu machen – der Regierung manche Verlegenheit schaffe. Im Grunde sei er auch die wahre Ursache dieser neuen, schrecklichen Vorgänge, (S. 16).

Er und Oranien, den sie von Antwerpen herbeschieden hat, sollen in dem Staatsrat ihre Meinung vernehmen, und sie will Egmont dabei nicht schonen. Auch deutet sie die Gefahr an, die ihm vom König droht. Mit dem Befehle, die Briefe an König Philipp schnellstens zu erledigen und ihr zur Unterschrift vorzulegen, damit sie als erste ihn über den Verlauf der Dinge unterrichte, beendet sie das Gespräch.

In dem stillen Bürgerhause, das **Klärchen** mit ihrer Mutter bewohnt, erhalten wir ein anziehendes Bild der großen Liebenswürdigkeit und der reinen, von jedem Standesdünkel freien Menschlichkeit des Siegers von St. Quentin und Gravelingen, des Grafen Egmont. Auch **Brackenburg,** der Klärchen schon lange im geheimen liebt, ist anwesend. Er singt mit ihr zusammen ein Soldatenliedchen, bricht aber plötzlich ab, weil er beim Erscheinen Egmonts tiefen Liebesschmerz empfindet. Ohne die Kraft zu besitzen, sich von

Klärchen loszureißen, verzehrt er sich in übergroßer Schwermut. Der Vorbeimarsch der Leibwache der Regentin zu ungewohnter Zeit gibt Klärchen Gelegenheit, Brackenburg auszuschicken, damit er sich nach der Ursache erkundige (S. 18). Als die Mutter ihr in seiner Abwesenheit Vorwürfe über ihr Verhalten ihm gegenüber macht, erklärt sie, nicht anders handeln zu können. Durch die Liebe Egmonts hat sich das bescheidene, im engen Kreise still dahinlebende Mädchen so gewandelt, daß es sich in seiner begeisterten Liebe über alle Rücksichten hinwegsetzt und dem Geliebten selbst in die Schlacht folgen würde, aus dem schlichten Bürgermädchen ist ein Heldenmädchen geworden. Der Mutter, die von Anfang an der Neigung der Tochter nicht entgegengetreten ist, macht Klärchens verändertes Wesen Sorge und Kummer, da sie für ihre Zukunft fürchtet. Ihr Unmut hält aber nur kurze Zeit an, und bald stimmt sie freudig mit ein in das Lob Egmonts, der immer so freundlich, frei und offen, so lieb und gut, so ohne Falsch, so nur Mensch, nur Freund und nur Liebender sei. Der Liebe Klärchens zu Egmont hat die mehr schwesterliche Neigung zu Brackenburg, dem sie auch jetzt noch freundlich begegnet, weichen müssen, was dieser wohl fühlt, ohne jedoch von ihr lassen zu können (S. 21).
Nach seinem Bericht von dem Tumult in Flandern, infolge dessen die Regentin die Schloßbesatzung verstärkt und so die Stadt in Aufregung versetzt hat, sucht Brackenburg einen Vorwand, sich zu entfernen, weil ihn Klärchens Nähe zu bitter an den Verlust seines Glückes erinnert, und diese hält ihn nicht zurück, ja, sie gibt ihm, als sie weggeht, nicht einmal die Hand. Allein gelassen, überdenkt er schwermütig seine Lage, seine gegen früher gänzlich veränderte Stimmung und seine Unfähigkeit, im Dienste des bedrohten Vaterlandes seinen Liebeskummer zu vergessen. Vorübergehend steigen in ihm Zweifel an Klärchens Ehrbarkeit auf, die er aber dann entrüstet zurückweist. So durch seine widerstreitenden Gefühle hin und her gerissen, denkt er daran, seinem freud- und friedlosen Dasein durch Gift, das er aus dem Doktorkästchen seines Bruders genommen hat, ein Ende zu machen (S. 23).

4.2.2 Zweiter Aufzug

In der ganzen Stadt herrscht große Aufregung, die Bürger stehen zahlreich an den Toren, das Volk sammelt sich in den Gassen. Jetzt kommt ein Zimmermeister, ein verständiger, eher konservativer Mann, im Gespräch mit dem Schneider Jetter daher. Sie tauschen ihre Befürchtungen über den Bildersturm aus, durch den die Bürger in eine schiefe Lage gebracht seien; denn wenn sie sich jetzt versammelten und auf ihr gutes Recht hinwiesen, würden sie auch zu den Aufrührern gerechnet werden. Als sie nun von dem hinzutretenden Soest hören, die Regentin sei durch den Aufstand so in Furcht geraten, daß sie die Besatzung des Schlosses verstärkt habe und sogar die Stadt verlassen wolle, erklärt der Zimmermann, man dürfe sie nicht fortlassen, da ihre Gegenwart allein die Ruhe und Sicherheit wiederherstellen und erhalten könne (S. 25) Während nun der jetzt hinzukommende Seifensieder („die sieben Weisen aus Griechenland") sich mit seiner Weisheit großtut und als „aufrichtiger Katholike" zur Ruhe um jeden Preis mahnt, schlägt der Volksaufwiegler Vansen einen ganz anderen Ton an. Zuerst prahlt er mit der Kenntnis der niederländischen Verfassung, die er in den Papieren eines früheren Patrons studiert habe, und teilt daraus den Bürgern das mit, was ihrer Eitelkeit schmeichelt. Er weist auf die hergebrachten Rechte und Vorrechte der einzelnen Provinzen hin, um zu zeigen, daß der König von Spanien nicht schalten und walten dürfe, wie er wolle, und warnt dann, sich dieser Vorrechte zu begeben. Dabei erinnert Soest daran, daß ihre Vorfahren sich von den tatkräftigsten Fürsten nicht hätten nehmen lassen, worauf Vansen sogleich berichtet, daß man einem gewalttätigen Fürsten einfach seinen Sohn und Erben geraubt habe, um ihn zum Nachgeben zu zwingen. Sodann versetzt er die Bürger in höchste Aufregung durch Schilderung des Unrechtes, das ihnen durch die Vermehrung der Zahl der Bischöfe und die Einführung der Inquisition geschehe. Indem er darauf der urteilslosen Menge die Rechtlosigkeit des gegenwärtigen Druckes aus den Rechten der Brabanter nachweist, fordert er sie auf, es mannhaft den Brüdern gleichzutun, die „das gute Werk in Flandern angefangen haben" (S. 28). Als darauf

der Seifensieder auf Vansen einschlägt, während andere für ihn eintreten, entspinnt sich ein Streit, der durch Pfeifen und Steinewerfen der Buben, durch Hundegebell und Geschrei und Zulauf unnützen Volkes in einen Volksaufstand auszuarten droht. Da erscheint Egmont, von dem ruhigen und besonnenen Zimmermann „als ein Engel des Himmels" begrüßt, und macht dem Auflauf ein Ende. Er gibt deutlich zu verstehen, daß ihm das Wohl und das Recht des Volkes am Herzen liegen, daß ihm aber jeder Aufruhr zuwider ist, zumal jetzt, da die Regentin durch den Bildersturm sehr verstimmt und aufgebracht sei. Vansen hat rasch erkannt, daß es für ihn hier nichts mehr zu tun gibt, und entfernt sich daher ohne Aufsehen mit dem Gesindel, das sich rauflustig zusammengefunden hatte. Egmont mahnt nun die Bürger, dem Eindringen der fremden Lehre zu widerstehen und ihre Vorrechte nicht dadurch zu gefährden, daß sie den König erzürnen; die Unruhestifter aber brauchen sich keine Hoffnung zu machen, denn es seien Maßregeln getroffen, um „dem Übel kräftig zu begegnen". Dabei weiß er durch seine Leutseligkeit die Herzen der Bürger so zu gewinnen, daß sie nach seinem Weggange ihrer Verehrung für ihn Ausdruck geben, Jetter aber unbewußt auf die Gefährdung seines Lebens hinweist (S. 30).
Nachdem Egmont seinen über sein langes Ausbleiben verstimmten Geheimschreiber begütigt hat, geht er an die Erledigung der Geschäfte. Der Geheimschreiber erinnert seinen Herrn daran, daß sein alter Freund, der Graf Oliva in Madrid, auf seinen Brief, in dem er ihn väterlich zu größerer Vorsicht in seinem Benehmen ermahne, da seine Feinde selbst in unbedachten Possen Hochverrat wittern, eine ausführliche Antwort erwarte und verdiene. Egmont aber erklärt alle Besorgnisse dieser Art für grundlos und gibt seinem Widerwillen gegen eine die Zukunft ängstlich und besorgt bedenkende Lebensweise unbekümmert Ausdruck, indem er zugleich die Geschichte mit den Livreen und der Bettlertracht als Auswüchse einer „angefrischten Phantasie" bezeichnet, die man ihm unmöglich als Hochverrat auslegen könne. „Wenn ihr das Leben gar zu ernsthaft nehmt" ruft er aus, „was ist denn dran? ... Dem guten Alten scheint alles viel zu wichtig." Als der Sekretär der „rasselnden Eile"

seines Herrn Einhalt tun will, zeigt dieser noch lebhafter, wie stark er von dem Gefül beherrscht ist, daß er dem Schicksal nicht hinderlich sein, sondern nur bisweilen lenkend und hütend eingreifen dürfe, daß er immer höher steigen müsse, solle er dabei auch in die Tiefe stürzen. Diese mit leidenschaftlicher Glut gesprochenen Worte versetzen den treuen Schreiber in die größte Besorgnis um seinen Herr, die ihn zu einem „Gott erhalt' Euch!" drängt (S. 36).
So wenig Egmont die wohlgemeinten Warnungen des Grafen Oliva beachtet, so wenig läßt er sich von **Oranien** über die ihm und dem Vaterlande drohende Gefahr die Augen öffnen. Oranien weist zuerst auf die Worte der Regentin im Staatsrate und auf ihre Äußerung hin, der König werde sich wohl endlich zu anderen Maßregeln entschließen müssen. Aber Egmont, der übrigens ihren Ausführungen wenig Aufmerksamkeit geschenkt hat, erklärt diese für einen Ausfluß ihrer Laune und Herrschsucht. Als Oranien meint, man werde vielleicht einen anderen Regenten schicken, erwidert er, das sei nicht schlimm; denn dieser werde sich bald davon überzeugen, daß sich die Niederländer ihre Freiheit auf keinen Fall nehmen ließen. Die Besorgnis Oraniens, der König könne auch einmal einen anderen Weg versuchen, das Volk schonen und sich gegen die Fürsten wenden, sucht Egmont dadurch zu zerstreuen, daß er auf ihre Treue gegen den König, auf sein goldenes Vlies und auf die Torheit und Ungerechtigkeit hinweist, die in einem solchen Vorgehen liegen werde, da es das ganze Volk zum Aufstande reizen werde. Als Oranien ihm endlich als sicher mitteilt, daß **Alba**, der größte Feind der Niederlande, dessen Mordsinn er ja kenne, mit einem Heere unterwegs sei, will Egmont diese Nachricht zuerst gar nicht glauben (S. 39). Dann aber meint er, wenn sie wirklich wahr sei, so sei es für sie um so gefährlicher, Alba nicht zu begrüßen und sich in ihre Provinzen zurückzuziehen. Dies werde Alba nur ein Anlaß sein, seine Grausamkeit und seinen Haß an dem Lande auszulassen. Auf diese Weise würden sie den Krieg, den sie vermeiden wollten, unfehlbar herbeiführen und dem Lande tiefere Wunden schlagen, als dies sonst geschehen könne (S. 40).
Als Oranien sieht, daß sich Egmont in seinem Vertrauen auf Philipps Gerechtigkeit nicht irremachen läßt, („er ist Karls Sohn und

keiner Niedrigkeit fähig"), daß er den Freund durch kein Mittel und keine Vorstellung zum Fortgehen bewegen kann, mahnt er ihn zur Vorsicht, bittet ihn, ihm zu berichten, wieviel Soldaten Alba mit sich führt, wie er die Stadt besetzt, welche Macht die Regentin behält und was die Freunde tun und rät ihm zu schleuniger Flucht, sobald er etwas Verdächtiges bemerke. Die Tränen, in die er dann ausbricht, machen Egmont zwar für einen Augenblick in seinem Entschlusse wankend, aber nach Oraniens Weggang entschlägt er sich schnell aller Sorgen und eilt zur Geliebten, um „von seiner Stirne die sinnenden Runzeln wegzulachen" (S. 42)

4.2.3 Dritter Aufzug

Wie gut Oranien unterrichtet war und wie richtig er die Worte der Regentin gedeutet hat, zeigt deren Gespräch mit ihrem Geheimschreiber, durch das die Ankunft Albas bestätigt und die drohende Gefahr als nahe bevorstehend hingestellt wird.
Die Regentin hat einen Brief von ihrem Bruder, dem König Philipp, erhalten, in dem er ihr seine Anerkennung für ihre Standhaftigkeit, ihren Fleiß und ihre Treue ausspricht, sie bedauert, daß sie soviel von dem unbändigen Volke zu leiden habe, und ihr die Ankunft Albas mit einem Heere ankündigt, der Adel und Volk in ihre Schranken weisen und niederhalten solle. Die Zurückhaltung Machiavells treibt die Regentin zu rückhaltloser Äußerung ihrer Meinung über die Räte des Königs und besonders über „den hohläugigen Toledaner mit der ehernen Stirne und dem tiefen Feuerblick", der immer allein den Ausgang der Beratung bestimme, dessen Meinung den Ausschlag gebe, der den König von der Notwendigkeit zu überzeugen verstehe, in den Niederlanden die strengsten Maßregeln zu ergreifen, Maßregeln, die alles, was sie Gutes geschaffen habe, beseitigen und für das unglückliche Land die verhängnisvollsten Folgen haben würden. Sie täuscht sich auch nicht über die Anweisungen, die Alba für sein Vorgehen mitbringen wird; zugleich aber gibt sie ihre entschiedene Absicht zu erkennen, nicht ohnmächtig neben einem solchen Blutmenschen zu stehen, sondern die Niederlande zu verlassen, ehe sie von ihm verdrängt werde. (S. 44/45)

„Glücklich allein ist die Seele, die liebt", summt Klärchen auf und ab gehend vor sich hin. Sie denkt nur an ihre Liebe und hört kaum auf die Mutter, die durch den Hinweis auf die treue Liebe Brackenburgs, der sie doch noch einmal glücklich machen könne, vergeblich versucht, sie von ihrer Liebe zu Egmont abzubringen. Klärchen kann die bloße Vorstellung, Egmont entbehren zu müssen, nicht ertragen. Sie schaudert bei dem Gedanken und ruft schließlich weinend aus: „Nein, es ist nicht möglich, nicht möglich." Als nun Egmont eintritt, stößt sie vor Schreck einen Schrei aus, dann aber eilt sie auf ihn zu und umarmt ihn. Klärchen behandelt Egmont ganz als gleichgestellten, vertrauten Freund und äußert ihr Befremden darüber, daß er sie nicht ebenfalls umarmt, sondern, die Arme in den Mantel gehüllt, „wie ein Wochenkind dasteht". Die Mutter dagegen begegnet ihm mit Hochachtung, wie es sich einem hohen Herrn gegenüber geziemt (S. 48).
Auf einmal, nachdem die Mutter in die Küche gegangen ist, um nach dem Essen zu sehen, wirft Egmont den verhüllenden Mantel ab und steht vor der Überraschten in glänzender Kleidung da. Klärchen hat ja früher einmal den mädchenhaften Wunsch geäußert, ihn in spanischer Tracht zu sehen, und so zeigt er sich ihr jetzt als Ritter des Goldenen Vlieses. Besonders dieses erweckt ihre Bewunderung; hat es doch Kaiser Karl selbst dem Geliebten umgehängt als Zeichen „alles Großen und Kostbaren, was man mit Mühe und Fleiß verdient und erwirbt." So will sie sich auch seine Liebe verdienen, will ihn lieben, wie das ganze Volk ihm in Liebe und Treue anhängt. Dann fragt sie ihn nach der Regentin. Diese Frage veranlaßt Egmont, seinen Verdruß über die politischen Wirren und sein Unbehagen an dieser Welt des Zwanges auszusprechen. Auf seine Schilderung der Regentin hin macht Klärchen die Bemerkung: „Eine majestätische Frau! Ich scheute mich, vor sie zu treten." Als dann Egmont meint, sicher würde sie nicht Zaghaftigkeit, sondern nur jungfräuliche Scham zurückhalten, schlägt sie die Augen nieder, ergreift ihn bei der Hand und schmiegt sich an ihn, worauf er, freudig überrascht über dies stumme Geständnis ihrer Liebe, sie auf die Augen küßt. Egmont und Klärchen sind sich trotz aller Verschiedenheit der äußeren Verhältnisse ihres höchsten

Glückes im Einklag ihrer Herzen bewußt geworden; dem Gefühle der Ruhe und des Glückes an Klärchens Seite verleiht Egmont beredten Ausdruck, indem er ihr den großen Unterschied zwischen dem Staatsmanne und dem Liebhaber Egmont schildert: „Jener Egmont ist ein verdrießlicher, steifer, kalter Egmont ... o, laß mich schweigen, wie es dem ergeht, wie es dem zumute ist. Aber dieser, Klärchen, der ist ruhig, offen glücklich, geliebt und gekannt von dem besten Herzen, das auch er ganz kennt und mit voller Liebe und Zutrauen an das seine drückt. Das ist dein Egmont!" Im Innersten ergriffen und in höchstem Glück ruft daraufhin Klärchen aus: „So laß mich sterben! Die Welt hat keine Freuden auf diese!" (S. 51).

4.2.4 Vierter Aufzug

Die Bürger sind völlig entmutigt und niedergeschlagen, denn Alba ist einmarschiert und hat sofort die strengsten Maßnahmen getroffen: wenn zwei oder drei auf der Straße zusammenstehen, so werden sie als Hochverräter bestraft; bei ewigem Gefängnis ist verboten, von Staatssachen zu reden und bei Todesstrafe soll niemand die Handlungen der Regierung mißbilligen. Wer aber den Gerichten zuträgt, was in den Familien vorgeht, dem werden große Versprechungen gemacht, und die „Folgsamen" sollen unangetastet bleiben. Das alles erzählt der Zimmermann dem Schneider Jetter, dem schon die spanischen Soldaten ungeheure Angst eingeflößt haben, die ganz gewiß den Befehlen Albas Gehorsam verschaffen werden. Zu ihnen tritt der Krämer Soest mit der Nachricht, die Regentin habe die Stadt verlassen, ebenso Oranien, und der Adel habe sich dem Herzog gefügt, Nachrichten, die den Schneider schon einen „Exekutionsmorgen" (S. 53) wittern lassen. Vansen, der von den besorgten Bürgern nicht gerade freundlich empfangen wird, sie aber trotzdem festzuhalten weiß, bringt das Gespräch auf Egmont, den er an politischem Scharfblick übertrifft. Er macht ihnen klar, daß sie sich täuschen, wenn sie auf ihn hoffen da er ja selbst seines Lebens nicht sicher sei und Alba vor keinem Rechtsbruche und vor keiner Niederträchtigkeit zurückscheue. Albas Strenge gegen die Bürger werde aber nicht von allzulanger Dauer sein, diesem

sei es vielmehr um Egmont zu tun, den er umgarnen und dann vernichten werde, wenn er sich nicht rechtzeitig in Sicherheit bringe. – Der Aufmarsch einer neuen Runde macht dem Gespräche schnell ein Ende. (S. 57)
Dieselbe Geschicklichkeit und berechnende Schlauheit, die Alba bei seinem Marsche nach den Niederlanden gezeigt hat, beweist er auch jetzt, wo es sich um die Verhaftung der niederländischen Großen handelt. Selbst die mit der Ausführung seiner Befehle Beauftragten erfahren mit Ausnahme Silvas ihren Zweck erst im letzten Augenblicke. Auch seinen Sohn Ferdinand, den er gern zu seinem würdigen Nachfolger erziehen möchte, weiht er erst ganz zuletzt in seine Pläne ein. Trotzdem scheint sein so klug berechneter und lange bedachter Anschlag scheitern zu sollen; denn Oranien teilt ihm in einem Briefe mit, daß er nicht erscheinen werde. Eine Zeitlang schwankt Alba. Soll er den Plan aufgeben? Als er aber Egmont sorglos und heiter in den Hof reiten sieht, faßt er den Entschluß, wenigstens den einen Todfeind, dessen er habhaft werden kann, unschädlich zu machen.
In dem nun folgenden Gespräch, weiß Alba den arglosen Egmont durch seine Fragen und scharfen Äußerungen so zu reizen, daß dieser seine Ansichten über die Maßregeln der Regierung und des Königs, über den Charakter und die Freiheitsliebe der Niederländer sowie endlich über die Pflichten des Herrschers gegen seine Untertanen ohne jede Scheu und Rücksicht ausspricht. (S. 65/66) Der Zweck des Staates sei das wahre Glück des Volkes und nicht des Herrschers Machtvollkommenheit; das Volk dürfe verlangen, nach seinem geschichtlich entwickelten Charakter nach seiner Eigentümlichkeit regiert zu werden und der König sei an seine Verträge und an sein Wort gebunden. Demgegenüber wird die Willkür Albas, der das Gespräch nur deswegen fortsetzt, um Egmont immer offener seine Ansichten äußern zu lassen, in schreckenerregender Weise sichtbar. Endlich erscheint Ferdinand und überreicht seinem Vater einen Brief, das verabredete Zeichen, daß die übrigen Verhaftungen durchgeführt sind (S. 69). Noch einmal zeigen sich Egmonts Harmlosigkeit und Unbefangenheit, als er, während Alba den Brief zu lesen scheint, sich mit Ferdinand über das Pferd, das

ihn hierher getragen, unterhält und dann um Entlassung bittet, da er nichts mehr zu sagen habe. Da verlangt Alba seinen Degen. Verwundert bleibt Egmont eine Weile schweigend stehen, dann reckt sich seine Gestalt, und mit den Worten „Bin ich denn wehrlos?" gibt er zu verstehen, daß er zum ritterlichen Zweikampf mit Alba entschlossen ist. Doch dessen Antwort: „Der König befiehlt's, du bist mein Gefangener!" entwaffnet ihn. „Der König?" murmelt er und erkennt plötzlich, wie sehr er sich in seinem unerschütterlichen Vertrauen auf die Gerechtigkeit des Königs getäuscht hat. „Oranien! Oranien!" ruft er aus. Jetzt sieht er ein, wie recht dieser mit seinen Warnungen hatte. Und mit den Worten „So nimm ihn. Er hat weit öfter des Königs Sache verteidigt als diese Brust beschützt!" gibt er seinen Degen hin und läßt sich abführen (S. 70).

4.2.5 Fünfter Aufzug

In der Befürchtung, Alba könne den Geliebten heimlich in der Nacht ermorden lassen, hat sich Klärchen mit dem treuen Brackenburg in der Dämmerung auf die Straße gewagt, um die Bürger zur Befreiung Egmonts aufzurufen. Sie ist überzeugt, daß es nur eines Anstoßes bedarf, um ganz Brüssel zur Befreiung des Geliebten aufzubieten. Aber mit wie beredten Worten sie auch die Bürger anzufeuern sucht, wie nachdrücklich sie ihnen auch ihre frühere Liebe zu dem allverehrten Helden ins Gedächtnis ruft, der Mut dieser noch vor kurzem auf ihre Freiheiten und Vorrechte pochenden, stolzen Bürger ist durch Egmonts Verhaftung völlig gebrochen. Mit Bedauern und Furcht hören sie die Worte des mutigen Mädchens eine Zeitlang an und entfernen sich dann in scheuer Angst (S. 73). Als Klärchen sieht, daß sie auf diese Weise nichts ausrichten kann, will sie versuchen, mit Brackenburgs Hilfe, der im Gefängnis Egmonts Bescheid weiß, den Geliebten durch List zu befreien. Als sie ihn aber dazu nicht überreden kann, läßt sie sich zwar von ihm nach Hause führen, aber ihre Worte: „Weißt du, wo meine Heimat ist?" zeigen, daß sie den Geliebten verloren gibt und nur noch auf eine Vereinigung mit ihm im Jenseits hofft (S. 74).
Egmont kann keinen Schlaf finden. Er sehnt sich hinaus ins tätige

Leben. Zwar ist er von banger Sorge erfüllt, aber noch immer hegt er Hoffnung, die Gerechtigkeit seines Königs werde ihm den Kerker öffnen, die Regentin und seine Freunde werden Schritte zu seiner Befreiung tun, und das Volk werde aufstehen, die Kerkermauern brechen und ihn befreien. „Ach Klärchen", ruft er aus, „wärst du Mann, so säh' ich dich gewiß auch hier zuerst und dankte dir, was einem Könige zu danken hart ist, Freiheit! (S. 76)
Klärchen hat Brackenburg ausgeschickt, um Gewißheit über das Schicksal Egmonts zu erhalten, und wartet auf seine Rückkehr. Sie hat die schlimme Ahnung, daß Egmont verurteilt ist, und weiß, daß seine Rettung unmöglich ist. Von Brackenburg erhält sie bald darauf die furchtbare Gewißheit, daß Egmont vor den Augen des Volkes hingerichtet werden soll, um das Volk einzuschüchtern (S. 78). Da ist auch bei ihr jeder Zweifel geschwunden, und sie ist entschlossen, Egmont im Tode voranzugehen, um im Jenseits mit ihm vereint zu sein. Vergeblich sind die Bitten und Vorstellungen Brakkenburgs; denn ein Leben ohne Egmont ist ihr kein Leben mehr. Sie nimmt das Gift, sucht dann ihr Gemach auf, um dort den Tod zu erwarten, und läßt Brackenburg in Verzweiflung zurück (S. 81).
Egmont, der endlich den ersehnten Schlaf gefunden hat, wird plötzlich um Mitternacht von den Abgesandten Albas aufgeschreckt. Er fürchtet zuerst, man wolle ihn meuchlings ermorden; denn an eine Verurteilung kann er nicht glauben, da ja niemand über ihn zu Gericht sitzen darf als die Ritter des Goldenen Vlieses und er noch nicht weiß, daß der König dieses Recht Alba übertragen hat. Nun muß er anhören, wie ihm sein Todesurteil vorgelesen und ihm angekündigt wird, das in der Frühe des anbrechenden Tages öffentlich durch das Schwert vollgestreckt werden soll (S. 82). Egmont bleibt einige Zeit in sich versunken stehen, dann blickt er auf Ferdinand, Albas Sohn, den dieser geschickt hat, um ihn durch den Anblick des Mannes „am Rande des Grabes" unempfindlich und hart zu machen. Ihm gegenüber äußert Egmont seine Verachtung des neidischen, herrschsüchtigen, ehrgeizigen und zur Unterdrückung allen Rechtes gesandten Alba. Tieferschüttert von den Vorwürfen, die Egmont auch ihm macht, bricht Ferdinand in Klagen aus, gibt dem Helden seine Bewunderung und Liebe zu erkennen

und zeigt ihm, wie er von Kindheit an nur für ihn gefühlt habe (S. 85). Da belebt sich die Hoffnung Egmonts aufs neue, daß mit Ferdinands Hilfe vielleicht noch Rettung möglich sei; allein dieser nimmt ihm jede Hoffnung. Egmont muß von der freundlichen Gewohnheit des Daseins und Wirkens scheiden, aber die innige Liebe des jungen Freundes erfüllt ihn mit solchem Mute, daß er sich sogar stark genug fühlt, ihn zu trösten und seine Diener und ganz besonders Klärchen seiner treuen Fürsorge und Obhut zu empfehlen. Nachdem Ferdinand ihn verlassen hat, legt er sich erschöpft, aber über sein Schicksal beruhigt, zum Schlafe nieder. Doch auch die Sorge um des Vaterlandes Zukunft wird von ihm genommen; denn im Traume erscheint ihm die Freiheit in himmlischem Gewande, Klärchens Züge tragend, bedeutet ihm, daß sein Tod zum Weckruf der Befreiung werden soll, und ziert seine Stirn mit dem Kranze des Sieges (S. 90).
Egmont erwacht. Er hat den Sinn seines Schicksals erkannt und die alte Sicherheit seines Lebens wiedergefunden: „Ich sterbe für die Freiheit, für die ich lebte und focht und der ich mich jetzt leidend opfere." Unter dem Trommelwirbel der spanischen Soldaten, die anrücken, um ihn zum Tode zu führen, ruft er begeistert seine Volk zum Sturze des verruchten Tyrannen und zum Schutze der heiligsten Güter auf und geht zur Richtstätte in dem erhebenden Gefühle, daß sein Tod die unterdrückten Niederländer zu siegreichem Freiheitskampfe führen wird (S. 91).

4.3 Charakteristik der Hauptpersonen des Dramas

Egmont

„Der echte Niederländer." In diese Worte fassen die Brüsseler Bürger ihr Urteil über Egmont zusammen und wollen damit sagen, daß er alle Eigenschaften besitzt, die einen Menschen ihrer Heimat in ihren Augen zieren. „Gar nichts Spanisches!" fügen sie gleich hinzu und meinen damit, daß ihm alles fehlt, was ihrem eigenen Wesen zuwider ist. Und in der Tat ist er ein echter Sohn seines Volkes und vereinigt die Grundzüge des niederländischen Nationalcharakters stark ausgeprägt in sich. Er ist freundlich gegen alle, die seinen Weg kreuzen, und „lieb und gut" in seinem näheren Verkehr. Wie er ist, so gibt er sich; zutraulich und offen begegnet er jedem, dem das freie Leben „aus seinen Augen unverhüllt entgegenleuchtet". Alles Mißtrauen und Verbergen ist ihm zuwider; niemals macht er aus seinem Herzen eine Mördergrube; im Gegenteil, er trägt sein Herz auf der Zunge. Bei seinem echt niederländischen Hange zum Ungekünstelten und Natürlichen muß ihm der Formenzwang der spanischen Hofsitte höchst lästig sein. Er haßt ihn denn auch von ganzem Herzen und entzieht sich ihm, sooft er kann. Dann sucht er das Leben auf, wo er es zwanglos und unverdorben findet: im niederen Bürgerstande. Wie atmet er im engen Bürgerhause Klärchens nach den lastigen Stunden der Politik und der Förmlichkeit erleichtert auf! Diesem ungezwungenen Leben gibt er sich gern und ohne jede Einschränkung hin. Er begnügt sich mit einem bescheidenen Nachtmahl, und der gute Wille der Wirtin ersetzt ihm alle Leckerbissen. Nie mag er süßer träumen als hier, wenn ihn die Weise eines Volksliedes aus Klärchens Munde in den Schlummer wiegt.

Als echter Niederländer hängt Egmont zäh am Alten und Hergebrachten; die Überlieferung will er auch im politischen Leben gewahrt sehen, und trotz allen gewaltsamen Änderungen. So fordert er die Bürger auf, gegen den Kalvinismus, der ihm persönlich gleichgültig bleibt, als einer „fremden Lehre" fest zu stehen, und bei derselben Gelegenheit warnt er sie vor Tumulten und Aufruhr. – Als echter Niederländer hat er auch Freude am heiteren Genuß des Lebens. Auf den „Gesellschaften, Gastmahlen und Gelagen", die er dem Adel gibt, herrscht überschäumende Lebenslust, und er übt solche Gastfreundschaft gern und oft. Mit einem Stolze, der aber kein Hochmut ist, freut er sich der Ehren und der hohen Stellung, die ihm das Goldene Vlies verleiht, und gern sieht er sich im Schmuck der goldenen Ordenskette. Seine Kleidung ist prächtig und stets „nach der neusten Art". Es ist ein Leben voll Freude und Genuß, das Egmont führt. „Eines jeden Tages hab' ich mich gefreut", kann er rückschauend sagen. Wie er aber selber die fröhliche Straße des Lebens zieht, so nimmt er auch anderen nicht die Möglichkeit dazu; denn er fühlt das Bedürfnis, heitere Menschen um sich zu haben. Diese Lebensauffassung ist auch der Maßstab für sein Verhalten als Herr gegen seine Diener und als Statthalter gegen seine Untertanen. Leben und leben lassen ist sein oberster Grundsatz, und es wird ihm schwer, den Leuten ihre kleinen Freuden zu verkümmern. Über Übeltäter strenge Strafen zu verhängen bringt er nicht übers Herz; er sucht immer nach der mildesten Form der Maßregelung, auch wenn er dadurch gegen das Gesetz verstößt. So ist seine Provinz die einzige, in der die kalvinistischen, französischen Psalmen geduldet und die reformierten Wanderprediger nicht mit der Strenge der Inquisition verfolgt werden. So sehr ist er für Milde und Duldsamkeit in der Behandlung des Volkes, daß er selbst einen Alba zu Duldung und Generalpardon zu bewegen sucht. An dem Leben seiner Untergebenen nimmt er wohlwollend und fördernd Anteil. Er vergißt treue Dienste nicht, sondern bedenkt seine Veteranen und die Witwen gefallener Soldaten mit Gnadengehältern.

Auf dem Boden eines solchen Fühlens und Denkens erwächst das tiefste Verständnis für sein Volk. Er kennt seine Volksgenossen zu gut, als daß er nicht wissen sollte, wie man sie regieren muß und wie nicht. So läßt er Alba nicht im Zweifel darüber, daß er jede unumschränkte Monarchie verurteilt. Sein Ideal ist vielmehr die ständische Verfassung, die allein der Vernunft und der Eigenart des niederländischen Volkes entspricht. Daß die Regierung die Eigenart des Volkes achten und bewahren muß, ist für ihn oberstes Gesetz. Wenn er Alba, dem Werkzeug der Inquisition und der Willkürherrschaft, solche Grundsätze entgegenhält, so tut er es in der Sorge um sein Volk, dessen heiligste Güter bedroht werden. Die Persönlichkeit Egmonts bekommt ihr weiteres Gepräge durch den Umstand, daß er Soldat ist. Von Jugend auf an ritterlich-soldatische Übungen gewöhnt und in Feldzügen erprobt, hat Egmont besonders die soldatischen Eigenschaften in sich entwickelt. Schon als Jüngling ein guter Schütze, bringt er es später im Armbrustschießen zu einer Vollendung, der seine Soldaten bewundernd nachstreben. Nicht weniger huldigt er der Reitkunst, und immer wieder treibt es ihn aus der engen Stube hinaus, sich in der freien Natur zu tummeln. Der Soldat in Egmont zeigt sich ferner in seiner strengen

Ehrenhaftigkeit, die er auch bei anderen voraussetzt. Sein Empfinden sträubt sich, an Ehrlosigkeit und Treubruch bei seinen Mitmenschen zu glauben; daß Gewalt vor Recht gehen, daß der König gegen alle Gerechtigkeit kurzen Prozeß mit ihm machen könne, will ihm nicht in den Sinn. Tapferkeit besitzt Egmont in einem Maße, daß sie sich mit seinem Namen unwillkürlich im Munde des Volkes verbindet, und Todesfurcht ist ihm völlig fremd. „Ich bin gewohnt", ruft er aus, ehe er seinen letzten Gang antritt, „vor Speeren gegen Speere zu stehen und, rings umgeben von dem drohenden Tod, das mutige Leben nur doppelt rasch zu fühlen."

Einem Egmont ist auch nicht fremd, was das Leben am schönsten schmückt: Freundschaft und Liebe. Ja, sein leicht zu entflammendes, empfängliches Herz fliegt dem, der ihm mit Neigung naht, stürmisch entgegen. Er bewährt sich als treuer Freund und verrät Alba nichts von Oraniens Absichten. Seine süßeste Freude aber ist die Liebe, und ihr gibt er sich mit seiner ganzen Persönlichkeit hin. Hinter dem Fenster eines Bürgerhauses sieht er Klärchen, und sofort spricht das Herz in ihm. Ohne jedes Bedenken tritt er eines Abends in die Stube des Mädchens. Der feurige Liebhaber findet keinen Widerstand, und nun folgen Stunden des Glücks für die Liebenden, Stunden, in denen Egmont „nur Mensch, nur Freund, nur Liebster" ist. Über alle Schranken des Standes und der Bildung hinweg findet er sein reinstes Glück. Egmonts Liebe hat etwas Elementares. Wie eine Naturgewalt erwacht sie in ihm, erfüllt sein Wesen und reißt ihn fort. So wird für ihn der geniale Drang in seinem Inneren zum Schicksal.

Bis zum Abend vor seinem Tode fließt Egmonts Leben gleichmäßig dahin. Da erfolgt, ihm völlig unerwartet, die Verhaftung, und nun zum erstenmal in seinem Leben kann er die Sorge nicht bannen und den Schlaf nicht finden. Es ist nicht Todesfurcht, die ihn mit Unruhe und Qual erfüllt; es ist die Sorge um den Sinn des Lebens, seines Lebens, das ihm nun als ein großer Irrtum erscheint. In dieser Stimmung, kurz vor seinem Ende, überrascht ihn Ferdinands Freundschaftserklärung; sie wird ihm „ein unerwarteter Trost auf dem Wege zum Grabe" und bedeutet einen Sieg über seinen Todfeind Alba. Von ihm weg richten sich seine Gedanken auf das Vaterland, dem durch Alba Unheil droht: sollte es nicht möglich sein, daß sein Tod zum Glück für sein Volk wird? Beruhigt schlummert er ein und träumt seinen letzten Traum. In ihm sieht er, was er geahnt, was er gehofft hat, erfüllt. Die Freiheit, in himmlichem Gewande und die Züge Klärchens tragend, heißt ihn froh sein und bedeutet ihm, daß sein Tod den Provinzen die Freiheit verschaffen wird. Indem sie ihm einen Lorbeerkranz reicht, erkennt sie ihn als Sieger an. So wird sein Ende ehrenvoll, und die Überzeugung, die er in die Worte kleidet: „Ich sterbe für die Freiheit, für die ich lebte und focht und der ich mich jetzt leidend opfere", läßt ihn gefaßt und unerschrokken dem Tode entgegengehen.

Oranien

Wilhelm von Oranien ist das Urbild des vollendeten Staatsmannes; alles, was er tut und was andere über ihn sagen, trägt dem Rechnung. Von seinem Verhältnis zu Egmont wissen wir nur, daß er längere Zeit mit ihm verfeindet war. Das ist auch erklärlich, denn sein Wesen bildet zur niederländischen Eigenart und damit auch zu der Egmonts einen schroffen Gegensatz. Bei ihm finden wir keine Spur von der offenen, zutraulichen Art des Niederländers, von dem heiteren Genuß der Gegenwart; im Gegenteil: Er hat sich in in den Ruf gebracht, daß er immer etwas Geheimes vorhabe. Seine Stirn verbirgt sorgfältig seine Gedanken, und seine Schritte verraten das Ziel nicht, dem er zustrebt. „Er ist heimlich, scheint alles anzunehmen, widerspricht nie, und in tiefster Ehrfurcht, mit größter Vorsicht tut er, was ihm beliebt." Nur einmal sehen wir ihn einem menschlichen Gefühle nachgeben: bei seinem Abschied von Egmont, dessen unseliges Geschick er voraussieht, kann er die Tränen nicht zurückhalten. Aber sofort glaubt er, diese Weichheit entschuldigen zu müssen, und der Schmerz um Egmonts Schicksal hindert ihn nicht, daß er im gleichen Augenblick das Bleiben des Freundes politisch zu verwerten gedenkt; der Staatsmann in ihm macht sich eben jeden Umstand zunutze. Dabei unterstützt ihn seine große Menschenkenntnis. Er kennt den König genau und weiß, wessen er sich von ihm zu versehen hat; Albas Wesen und Ziel ist ihm kein

Rätsel. Nach der Stimmung der Regentin versteht er die Lage zu beurteilen, und früher als ein anderer weiß er, daß Alba „unterwegs ist" und welche Politik Philipp dem Adel gegenüber einschlagen wird. Mit peinlicher Aufmerksamkeit verfolgt er die Maßnahmen der Gegenpartei, und nach seinen Beobachtungen trifft er die eigenen Maßregeln.
Es geht eine gewisse Einheit durch Oraniens Sinnen und Streben. Bei allen seinen Handlungen behält er sein Ziel im Auge. Des Königs Rechte und die seinen weiß er wohl abzuwägen. Die Entfremdung Egmont gegenüber hat er aufgegeben, da ein Bund mit ihm seiner Sache dienlich ist. Zunächst gilt sein Streben der Regentschaft und darüber hinaus der Befreiung seines Landes von den Spaniern. Das gibt die Richtlinien für sein Handeln, das ist seine Lebensaufgabe. Aber wie ganz anders dient er der Sache als Egmont! „Ziemt es sich, uns für Tausende hinzugeben, so ziemt es sich auch, uns für Tausende zu schonen" – diese Worte Oraniens unterscheiden ihn von Egmont; sie zeigen zugleich, wie sehr er in der Zukunft lebt und mit ihr rechnet. Er läßt die Dinge nicht an sich herankommen, sondern sucht sie vorher zu erkennen, um ihnen dann gewappnet zu begegnen. „Es ist klug und kühn, dem unvermeidlichen Übel entgegenzugehen." Das ist der Standpunkt des Staatsmannes. Als solcher besitzt er auch die nötige Selbsterkenntnis, die richtige Einschätzung der eigenen Stellung und Stärke; denn „wer sich kennt, kann sicher vor- und rückwärts gehen".
Oranien leistet als Staatsmann nichts Geringes; es ist ein aufreibendes Leben, das er führt. „Ich trage viele Jahre her alle unsre Verhältnisse im Herzen, ich stehe immer wie über einem Schachspiele." Dieses ewige Beobachten und Berechnen der Zukunft läßt ihn nicht zu einem Genusse der Gegenwart kommen und gibt seinem Wesen etwas Gedrücktes und Sorgenvolles. Dazu kommt noch das Mißtrauen, das er von vornherein allem entgegenbringt. Er lebt in der Zukunft, immer der Gegenwart voraus, und „seine Gedanken reichen in die Ferne". So klammert er sich mit zäher Folgerichtigkeit an seinen Plan von dem er das Heil des Landes erwartet. Eine seltsame Erscheinung ist Oranien mitten unter den Niederländern, der einzige Staatsmann unter diesem Volke von gegenwartsfrohen

Menschenkindern, wie Ferdinand der einzige Niederländer unter den Spaniern. Er ist für Freund und Feind ein Mann, mit dem gerechnet werden muß. Die Regentin fürchtet ihn; Alba erkennt in ihm „den gefährlichsten Mann", „des Königs größten Feind". Die Niederländer aber sehen in ihm einen Führer, dem sie festes Vertrauen schenken dürfen; er ist ihnen „ein rechter Wall: wenn man nur an ihn denkt, meint man gleich, man könnte sich hinter ihn verstecken und der Teufel brächte einen nicht hervor." Seine Sorge um das Land ist bekannt, und seine Anwesenheit gibt jedem ein Gefühl der Sicherheit. So wird er die Sache seines Volkes erfolgreich vertreten und sie endlich zum Siege führen.

Die Regentin

Margarete, die Regentin der Niederlande, ist schon ihrer Abstammung nach, als Tochter Karls V. und Schwester Philipps II., geeignet, eine führende Stellung einzunehmen. Dazu besitzt sie einen fast männlichen Charakter, der sich schon in ihrem Äußeren ausprägt. Sie ist eine majestätische Erscheinung; ein „Bärtchen auf der Oberlippe" verleiht ihrem Antlitz einen männlichen Zug. Außerdem besitzt sie einen männlichen Geist und ist herzhaft und entschlossen. Ihrem offenen Wesen ist Philipps Art zu schreiben zuwider. Ihre Furchtlosigkeit zu zeigen, hat sie während der Unruhen in Brüssel Gelegenheit genug, und mit lebhaftem Abscheu fühlt sie des Bruders argwöhnische Augen stets auf sich gerichtet. Margaretes männliches Temperament verlangt nach Betätigung. Untätigkeit würde sie elend machen; aber auch dieses Los auf sich zu nehmen, ist sie stark genug, wenn es ihr Ehrgefühl und ihr Stolz verlangen.

Neben diesen mehr männlichen Eigenschaften besitzt Margarete auch echt weibliche. Dieser energischen Persönlichkeit fehlt es nicht an weiblicher Güte und Nachsicht, und ihr trotz allem weiches und fein empfindendes Gemüt fühlt es schmerzlich, „daß Politik selten Treu und Glauben halten kann, daß sie Offenheit, Gutherzigkeit, Nachgiebigkeit ausschließt". Ihre weibliche Natur ist schaudernd vor der grausamen Rücksichtslosigkeit eines Alba, und seine Mißachtung und geringschätzige Verspottung ihres Geschlechts steigern ihren Abscheu zum Haß gegen diesen Mann. Zu ihm gibt es für sie kein Verhältnis; sie können nicht beide an derselben Stelle und nebeneinander wirken. Einer von beiden muß weichen, und daß sie gehen muß, ist ihr im voraus klar.

Ihre weibliche Natur erklärt auch vielleicht am besten noch einen anderen charakteristischen Zug ihres Wesens: ihren Glaubenseifer. Sie ist eine strenge Katholikin. Unentwegt hält sie darum an den Lehren ihrer Kirche fest, die „den nächsten besten Weg" zum Seelenheile zeigen.

Daß sie aus einem Geschlechte von Kaisern und Königen stammt, kommt ihr sehr zustatten. Sie besitzt alle Eigenschaften, die der Herrscherberuf erfordert, und diesen Beruf hat sie jahrelang aus der Nähe kennenzulernen Gelegenheit gehabt. Sie gewinnt ihre Tätigkeit lieb, und ihrem Ende sieht sie nur in schmerzlicher Ergebung entgegen. „Es ist so schön zu herrschen! – Und abzudanken? – Ich weiß nicht, wie mein Vater es konnte." Oft genug hat sie es erfahren, wie ohnmächtig der Mensch dem Schicksal gegenüber ist: „Ich sehe auch viel voraus", gesteht sie offen, „ohne ändern zu können." – „Wer handelt, muß fürs Nächste sorgen."

Nach diesen Grundsätzen verfährt Margarete als Regentin der Niederlande. Sie sorgt fürs Nächste und tut das mit der ihr eigenen Klugheit, getrieben bei allen Entschlüssen von der Gewissenhaftigkeit, die ihr als strenggläubiger Frau in hohem Maße eigen ist. Ihr Gewissen sagt ihr, daß sie jeden Augenblick „das Rätlichste, das Beste" getan hat.

Dem stets argwöhnischen Hofe zu Madrid erstattet sie über ihre Schritte peinlich genau und pünktlich Bericht. Nicht mit Gewalt will sie den Aufruhr ersticken, sondern die Flammen „umstellen, sie in sich selbst verschütten". Sie bringt durch ebenso kluges wie tapferes Verhalten die Aufrührer mit Überredung und List zur Ruhe und führt zum Erstaunen der Welt ein rebellisches Volk in wenigen Monaten zu seiner Pflicht zurück. Zu diesen großen äußeren Erfolgen gesellt sich der Sieg, den Margarete über die Herzen der Niederländer gewinnt und mit dem sie gewissermaßen die Erbschaft ihres Vaters antritt, den die Niederländer von Herzen liebten. Wenn es auch nicht gerade Liebe ist, was das Volk Margarete entgegenbringt, so ist es doch Achtung und Vertrauen.

Alba

Ferdinand, Herzog von Alba, ist in Toledo geboren und wohl schon als Knabe mit anderen adligen Jugendlichen an den Hof Karls V. gekommen. Die Niederländer, die sich neben den Spaniern in der Umgebung des Kaisers befinden, sorgen dafür, daß stets ein munteres, lebensfrohes Treiben am Hofe herrscht. Auf der spanischen Seite tut sich bald Alba hervor; als Gegenfigur zu Egmont scheint er bereits einen Kreis um sich zu haben, auf den er durch innere Überlegenheit einwirkt. Bald zeigen sich nationale Gegensätze und führen zur Bildung von gegnerischen Parteien, die sich in Spiel und Wettkampf den Sieg streitig machen. Eines Tages stehen sich Alba und Egmont als Vertreter ihrer Nationen beim Wettschießen gegenüber. Alba unterliegt dem Niederländer, an den er im Würfelspiel bereits hohe Summen verloren hat. Das Gefühl der Niederlage weckt ein brennendes Verlangen nach Vergeltung, das mit der Zeit um so stärker wird, je höher er aus der Ferne seinen ehemaligen Besieger steigen sieht. – Auch Alba arbeitet sich empor und erlangt Einfluß im spanischen Volk. Aus einem inneren und äußeren Erleben gewinnt er seine Welt- und Lebensanschauung, und seine Wesensart bedingt den Zug der Vorsicht und Sorglichkeit, hemmt das freie Sichgehenlassen, und sein ungemein klarer und scharfer Verstand läßt ihn alles, was er tut, kalt berechnen. Ein von einem eisernen Willen geleiteter Ehrgeiz beherrscht ihn, und er kennt keine Ruhe, solange ein anderer neben ihm gleichen oder höheren Ruhm erlangt und behauptet. Dieser Ehrgeiz hat ihn auf seiner Laufbahn höher steigen lassen, dank seinen militärischen Gaben und einem zielbewußten Willen. „Ich freue mich nur über das Geschehene, und über das nicht leicht; denn es bleibt stets noch übrig, was uns zu denken und zu sorgen gibt", sagt er zu Silva. Alle Hindernisse und Schwierigkeiten, die anfangs unüberwindlich schienen, hat sein unbeugsamer Wille beseitigt, bis er der „erfahrene Krieger" geworden ist, dessen Name überall einen hohen Klag hat. Das hat

sein Selbstvertrauen gestärkt und ihn verächtlich über seine Mitmenschen denken gelehrt. Einsam steht er hoch über ihnen allen. Er hat nur sein Ziel im Auge und geht nur seinen Weg, führt er auch über Leichen und das zertrümmerte Glück von Tausenden.
Dem Geiste, der in ihm lebt, hat sich der Körper mit der Zeit angepaßt. Von hoher, hagerer Gestalt ist Alba wie dazu geschaffen, Furcht einzuflößen. Der einfache Mann fühlt schaudernd die Überlegenheit und höhnische Verachtung jeder Menschlichkeit, die aus dem „hohläugigen Toledaner mit der ehernen Stirne und dem tiefen Feuerblick" spricht, und „kein Ton ist so gelbbraun gallenschwarz wie Albas Gesichtsfarbe und als die Farbe, aus der er malt.". Man sieht es diesem Manne an, daß er nicht viel Worte macht. Nicht einmal seinen Soldaten gegenüber gibt er seine Zurückhaltung auf. Was ist ihm auch das Heer anderes als das Werkzeug seiner Taten! Kein engeres, menschliches Verhältnis besteht zwischen ihm und seinen Truppen. „Schweigend" führt er sein Heer aus Italien durch die größten Gefahren hindurch in die Niederlande; auf die Soldaten aber wirkt seine Größe nur noch geheimnisvoller, mächtiger, unheimlicher. Er verlangt von seinen Leuten „strengste Mannszucht" und blinden Gehorsam. Und er findet beides; denn die mannigfachen Beweise seines Feldherrngeistes haben ihm in ihren Augen ein unbegrenztes Ansehen verliehen. „Wem gehorcht sich's leichter als dem Herzoge, da bald der Ausgang beweist, daß er recht befohlen hat?"
Wie er überhaupt keinen Sinn für die zarteren Äußerungen des Lebens hat, so gibt es besonders kein inneres Verhältnis zwischen Alba und dem weiblichen Geschlecht. Er hat den Frauen gegenüber kein anderes Gefühl als das der Verachtung und zeigt sie auch unbekümmert. Zwar hat auch Alba in jüngeren Jahren Frauen nicht verschmäht, aber dann hat er sich mit um so größerem Hohne von der Schwachheit und Weichheit dieses Geschlechts abgewandt: die wahre Liebe hat er nie gekannt.
In all seinem Tun ist es Albas Sache nicht, lange zu untersuchen und zu vermitteln. Er liebt raschen und kurzen Prozeß, und sein Wille verlangt schnelle Anerkennung, sei es gutwillig oder durch Gewalt. Der gute oder böse Wille anderer kommt bei ihm gar nicht in

Betracht; dazu denkt er viel zu gering von der Menge, und ein Mann, der das Volk so gering einschätzt, der nur den eigenen starren Willen gelten läßt, muß mit Notwendigkeit zur Willkürherrschaft kommen.
In die Niederlande führt ihn sein letzter Kriegszug, und in seiner gewohnten Weise erledigt er auch dort seine Aufgabe. Alles wickelt sich glatt nach seinem Willen ab, die „strengen, festen Knoten" seiner politischen und militärischen Gewebe bewähren sich auch hier. Und hier winkt ihm noch ein anderer, sein höchster Triumpf: die Gelegenheit, an Egmont die unvergessene Niederlage in der Jugend zu rächen. Der verhaßte Nebenbuhler soll ihm zugleich mit Oranien in die Hände fallen und dadurch ein Schlag gegen die Niederländer geführt werden, von dem sich das ihm so widerwärtige Volk nicht leicht wieder erholen wird. Doch im wichtigsten Augenblick scheint der Plan fehlzuschlagen: Oranien geht nicht ins Garn. Aber Egmont ist in Albas Hand, und diesen Triumph will er auskosten. Da fügt ihm der dem Tode geweihte Egmont noch eine zweite Niederlage zu, die schwerer ist als die, die er in seiner Jugend erlitten hat: er gewinnt seinen Sohn als Freund und damit auch für die Sache der Niederländer.
Was Alba bei Tausenden von Spaniern gelungen ist, ihnen seinen Willen aufzuzwingen, das mißlingt ihm beim eigenen Sohne. Und es mißlingt ihm auch bei dem niederländischen Volke, dessen Freiheitsdrang sich gewaltsam gegen Unterdrückung auflehnt und den Sieg davonträgt.

Ferdinand

Das Schicksal hat ihn unter Spaniern geboren werden lassen, aber allen Maßregeln Albas zum Trotz entwickelt sich der Sohn zu einem Manne, der von den Spaniern durch sein ganz anderes Wesen deutlich absticht und mehr und mehr die Merkmale zeigt, an denen Alba dem ihm so verhaßten Charakter des niederländischen Volkes erkennt. Denn Ferdinand hat „ein glückliches Ansehen"; „zutraulich, freundlich" begegnet er den Menschen, und „leichtsinniges Wohlwollen und unachtsame Fröhlichkeit" zeigen sich in seinem

Verhalten. Nichts Hartes ist in seinem Wesen; denn die spanische Art ist ihm innerlich fremd: er denkt nicht berechnend, er handelt nicht zielbewußt sondern läßt sich von seiner Natur treiben. Seines Vaters mächtiger Wille beherrscht ihn fast unumschränkt und gestaltet das äußere Leben des so anders veranlagten Sohnes ganz nach seiner Art. Aber Ferdinands Innenleben steht unter dem Einflusse einer anderen großen Gestalt. Egmonts glänzende Persönlichkeit ist das Ideal geworden, das Albas Sohn insgeheim in der Seele trägt.
Da führt der Befehl des Königs Alba in die Niederlande. Ferdinand, der seinen Vater begleiten muß, sieht Egmont von Angesicht, und seine bezaubernde Persönlichkeit zieht ihn immer mehr in ihren Bann. Jetzt zum erstenmal fällt eine Andeutung dem Vater gegenüber, dem er sagt: „Es scheint, wir werden Freunde sein." Da erkennt Alba, was für ihn auf dem Spiele steht. Mit der härtesten Maßregel will er die Gefühle des Sohnes ersticken: er schickt ihn mit dem Todesurteil ins Gefängnis und zerschneidet damit alle Bande zwischen sich und dem Sohne, der diese Gelegenheit zu einer ungestörten Aussprache mit Egmont benutzt, sich als aufrichtiger Freund zu erkennen gibt und die letzten Aufträge Egmonts entgegennimmt.

Klärchen

In einfachen, kleinbürgerlichen Verhältnissen ist Klärchen unter der treuen Obhut ihrer Mutter aufgewachsen. Nach dem frühen Tode ihres Bruders ist ein Bürgerssohn aus gutem Hause, Brackenburg, ihr Spielgefährte geworden. Das herzliche Einvernehmen wurde im Laufe der Zeit zu einem Liebesverhältnis, doch wurde die innige Liebe des Jünglings nicht mit der gleichen Wärme erwidert. „Ich hatte ihn gern", gesteht Klärchen der Mutter, „und will ihm auch noch wohl in der Seele. Ich hätte ihn heiraten können und glaube, ich war nie in ihn verliebt." In nichts ist Klärchen verschieden von den vielen anderen Kindern ihres Standes und Landes: sie besitzt die niederländische Fröhlichkeit in hohem Maße und verbreitet Frohsinn und Munterkeit in ihrer Umgebung. Sie liebt den

Gesang, und die muntersten und lustigsten Lieder sind ihr die liebsten; herb und frisch ist sie in ihrer Ausdrucksweise, und sie hat wie alle ihre Volksgenossen eine natürliche Freude am Prächtigen. So war sie von Jugend auf ein Springinsfeld, als kleines Kind bald toll, bald nachdenklich, und so bleibt sie bis an ihr Ende: äußerst lebhaft, unruhig, „von heftigem Wesen" und voll schnellen, überstarken Gefühls. Aber etwas lebt in ihr, das stärker ist als alles andere: der leidenschaftliche Drang zu liebevoller, herzinniger Hingabe, ein Drang, der sich in ganzer Stärke in der Liebe zu dem Manne äußert, der ihr Schicksal wird. Kaum kreuzt Egmont ihren Weg, so gerät sie in den Bannkreis einer Gewalt, die stärker ist als sie. Schon als Kind hing ihr Auge bewundernd an seiner edlen Gestalt, als junges Mädchen wagt sie nur noch heimlich den bewunderten Mann zu sehen, und aus der Bewunderung wird Sehnsucht nach ihm, der jetzt tagtäglich an ihrem Hause vorbeireitet. Und eines Abends tritt er gar bei ihr ein! Fassungslos sieht sie ihr Geschick sich erfüllen, und unerklärlich ist ihr das übergroße Glück, das ihr Egmonts Liebe schenkt. Ihr ganzes Wesen ist von ihrer Liebe zu ihm erfüllt; alle ihre Gedanken kreisen nur um den einen Mann, der ihr Welt und Leben bedeutet. Wenn sie singt, ist es ein Liebeslied. Sie liebt das Volk, weil es Egmont so ehrt, und das Herz schlägt ihr „bis an den Hals", wenn sie Loblieder auf ihn hört. Sie lebt und denkt und fühlt mit ihm als ein Teil von ihm, sie ist in ihm aufgegangen. Ihre Mutter sieht die Verwandlung mit heimlicher Besorgnis: „Du hast doch nichts im Kopfe als deine Liebe. Vergäßest du nur nicht alles über das eine."
Aber ihr Glück findet ein unerwartet schnelles Ende. Die Nachricht von der Verhaftung des Geliebten trifft sie ganz unvorbereitet, und die furchtbare Gefahr, die ihm droht, steht ihr ganz plötzlich vor Augen. Egmont ist verloren. So bleibt ihr nichts weiter übrig, als ihm zu folgen, denn ihre Heimat ist dort, wo Egmont ist. Dahin wird sie gehen.

Brackenburg

Wie Egmont, so fühlte und dachte Brackenburg als Knabe voll Freiheitslust und Tatendrang. Es kochte und trieb in ihm. Für alles Große und Edle entbrannte sein jugendliches Herz, und an „Brutus' Rede für die Freiheit" konnte er sich begeistern. Da wählt ihn Klärchen zum Spielgefährten, das schlichte Bürgermädchen, dessen Natürlichkeit und Schönheit ihn gefangennehmen. Sie beherrscht sein Sinnen und Trachten und zieht unwiderstehlich all sein Denken in ihren Bann. Ihm wird seine Liebe zu ihr zum Leben und ihre Liebe das einzige Ziel. Plötzlich tritt etwas Fremdes zwischen ihn und Klärchen, er weiß nicht, was es ist, doch er fühlt sie kälter und kälter werden, immer weiter entrückt sie ihm. Aber er kann nicht mehr los von ihr und die Hoffnung, die bange, quälende Hoffnung, nicht mehr aufgeben. Wohl fühlt er, daß sie nicht recht gegen ihn handelt, und manchmal möchte er „rasend werden", aber seine Erregung versinkt kraftlos im stillen, dienenden Werben um ihre Liebe. Er hat sich Gift verschafft und trägt es bei sich, aber er gebraucht es nicht und läßt es sich von Klärchen sogar abnehmen. Seine Liebe ist blind, und Klärchen ist ihm eine Heilige, zu der er aufblickt, der er nur mit stillen Bitten, nicht mit Vorwürfen naht. Allen Gefahren zum Trotz geht er nächtlich auf den Markt, um das Schicksal seines glücklichen Nebenbuhlers zu erkunden, und dann weint er über Egmonts Geschick. Alles Sinnliche in ihm ist tot, aber seine Liebe stirbt nicht.

Die Vertreter des Volkes

Jetter, ein Schneider, spricht viel und kommt sich sehr komisch vor. Er ist mit den bestehenden Verhältnissen unzufrieden, darum ein Feind der Spanier und der neuen Lehre zugetan, über die er schon vielfach nachgedacht hat; das Verbot der neuen Psalmen mit ihren „recht erbaulichen Weisen" und die „vierzehn neuen Bischofsmützen im Lande" erregen seinen Ärger. Er ist sehr ängstlich und hat große Furcht vor den fremden Soldaten und besonders vor dem Kriege, eine wahre Schneiderseele. Pfiffig und windig, möchte er gern alles erfahren; er läßt sich deshalb trotz Albas Verbot von seiner Neugier auf die Straße treiben und hört eifrig Vansen zu, den er bewundert. Sein Wahlspruch ist: Sicherheit und Ruhe! und Ora-

nien ist sein Held. „Das ist ein rechter Wall!" ruft er aus. „Wenn man nur an ihn denkt, meint man gleich, man könnte sich hinter ihn verstecken und der Teufel brächte einen nicht hervor."
Der **Zimmermann** ist ein ruhiger und besonnener Bürger, der sich im Besitze seines Eigentums fühlt und sich seines Standes und Wertes bewußt ist. Er ist streng rechtlich gesinnt und will nicht an die Schliche der Unredlichkeit und Rechtsbeugung glauben. Von dem Pöbel will er nichts wissen, da er ihm Angriffe auf sein Eigentum zutraut. Die Bilderstürmer sind in seinen Augen Lumpengesindel und eine Gefahr für das allgemeine Wohl und die Sicherheit des Staates. Ebenso ist er ein Feind aller „Söffer" und Faulenzer, deshalb auch des Volksaufwieglers Vansen, vor dem er seine Mitbürger als vor „einen schlechten Kerl" warnt. Er dünkt sich politisch sehr klug und weiß alles. „Sagt' ich's nicht voraus? Noch vor acht Tagen auf der Zunft sagt' ich, es würde schwere Händel geben" sind die Worte, mit denen er auftritt. Auch er ist für die staatliche Unabhängigkeit seines Landes; nur möchte er Frieden haben; denn in kriegerischen Unruhen fürchtet er seinen Besitz zu verlieren.
Soest, ein Krämer, doch ohne Krämersinn, haßt bei seiner stark ausgeprägten Freiheitsliebe die Spanier und die Inquisition von Herzen. Er hält mit seiner Meinung nicht zurück und vertritt sie mit großem Eifer, als er sich in seinem Gerechtigkeitssinn für die Verdienste der Regentin einsetzt. Offen und unumwunden gibt er seiner Überzeugung Ausdruck, wenn er sagt: „Unsere Fürsten müssen froh und frei sein wie wir, leben und leben lassen. Wir wollen nicht verachtet noch gedrückt sein, so gutherzige Narren wir auch sind ... Wir sind nicht gemacht, unser Gewissen tyrannisieren zu lassen." Tatkräftig und rüstig, wie er ist will er, daß ein Bürger immer in den Waffen geübt ist, und er selber ist ein guter Schütze. Sein Wahlspruch ist: Ordnung und Freiheit!
Vansen ist ein heruntergekommener Mensch, körperlich schwach und feig, aber gerieben und schlau und nicht ohne Grund auf seinen Verstand eingebildet. Er kennt die schwachen Seiten seiner Landsleute und weiß sie bei ihnen zu packen, wenn er ihnen von ihren Freiheiten und Privilegien erzählt. Er hat viel gelesen und ver-

steht es, durch sein sicheres Auftreten und seine Schlagfertigkeit die Leidenschaft der Menge zu entflammen und seine Zuhörer zu fesseln. Den einen gilt er als „Ehrenmann", den anderen als „Gelehrter"

4.4 Anregungen zur Diskussion und zur (schriftlichen) Erörterung

[1.] Die Treue als dramatisches Motiv in Goethes „Egmont"

A. Das wichtige dramatische Motiv der Treue ist auch in „Egmont" mehrfach verwendet.

B. Welche Arten der Treue werden in „Egmont" verherrlicht?

I. Die Freundestreue.
Oranien in seinem Verhältnis zu Egmont.

II. Die Vaterlandstreue.
1. Oraniens.
2. Egmonts.

III. Die Liebestreue.
1. Egmont in seinem Verhalten zu Klärchen.
2. Brackenburg in seinem Verhalten zu Klärchen.
3. Klärchen in ihrem Verhalten zu Egmont.

C. Die vorstehenden Ausführungen beweisen die Wahrheit der Worte in Schillers „Bürgschaft": „Und die Treue, sie ist kein leerer Wahn."

[2.] Liebe und Wahrhaftigkeit (Egmont und Klärchen)

A. Sie äußern sich im Handeln und Leiden

B. I Bei Egmont in seiner Liebe zum Volk,
handelnd während des Krieges und im entschlossenen Auftreten gegenüber den Spaniern;

leidend an der Unaufrichtigkeit, der Schmach im Gefängnis, erhöht durch seinen Tod.

II. Bei Klärchen in ihrer Liebe zu Egmont,

handelnd im Verzicht auf äußere Vorteile in der Ehe mit Brakkenburg und im Wagnis ihrer Liebe zu Egmont bis in den Tod;

leidend am Schicksal Egmonts.

C. Bei Egmont verklärt sich die Tat zum Heldentum des Leidens; bei Klärchen dagegen erhebt sich das Leid zum Heldentum der Tat.

[3.] Die Bedeutung der Volksszenen in Goethes „Egmont"

A. Die Bedeutung des Prologs und z. T. auch des Chors für die Handlung des griechischen Dramas haben im modernen Drama die Volksszenen.

B. Die Bedeutung der Volksszenen in „Egmont".

I. Der Zuschauer lernt frühere und gleichzeitige, auf der Bühne nicht dargestellte Ereignisse kennen.

II. Er empfängt lebhafte und unmittelbare Eindrücke von Zeit und Ort der Handlung.

III. Er vernimmt aus dem Munde verhältnismäßig unparteiischer Zeugen – des Volkes Stimme, Gottes Stimme – eine treffende Charakteristik der Hauptpersonen.

C. Der Eindruck der Voksszenen auf den Zuschauer.

[4.] Das Dämonische in Goethes „Egmont"

A. Goethe sagt in den Gesprächen mit Eckermann am 11. März 1828, daß „das Dämonische übermächtig mit ihm tut, wie es ihm beliebt, und er sich ihm bewußtlos hingibt, während er glaubt, er handle aus eigenem Antriebe. In solchen Fällen ist der Mensch oftmals als ein Werkzeug einer höheren Weltregierung zu betrachten, als ein würdig befundenes Gefäß zur Aufnahme eines göttlichen Einflusses." An einer anderen Stelle versteht er unter dem Dämonischen, das er in „Egmont" darstellen wollte, eine geheimnisvolle, unfaßbare Macht in dem inneren und äußeren Leben des Menschen, die in die Welt des Übernatürlichen und Überirdischen hinüberspielt und durch Verstand und Vernunft nicht aufzulösen ist. Es gilt also, ein Dämonisches zweifacher Art zu unterscheiden: **ein Dämonisches in uns und ein Dämonisches um uns.**

B. Das Dämonische in Geothes „Egmont" offenbart sich:

I. in den Charaktereigenschaften Egmonts:
  1. in seiner zauberähnlichen Anziehungskraft, die er ausübt
    a. auf das niederländische Volk und den Adel,
    b. auf die Regentin,
    c. auf Klärchen;
  2. in seinem grenzenlosen Selbstvertrauen;
  3. in der Verblendung über die ihm drohende Gefahr, die er verachtet und sogar herausfordert;

II. in der rücksichtslosen Handlungsweise Albas
  1. gegen das Volk,
  2. gegen die Führer des Volkes;

III. in der Auffassung des Schicksals als einer den Menschen bestimmenden Macht
  1. durch die Regentin (vgl. ihre Äußerung zum Schluß ihres Selbstgesprächs, S. 17)
  2. durch Egmont in den Äußerungen gegenüber dem Sekretär,
  3. durch Alba in seinem Monolog vor der Unterredung mit Egmont;

IV. in dem Walten des Geschickes, das
  1. den verhaßten Alba über Egmont, den Liebling des Volkes, triumphieren läßt,
  2. aber endlich doch die Befreiung des niederländischen

Volkes herbeiführen wird, wie Egmont selbst in der Vision erkennt.

C. Dieses dämonische Walten des Geschickes trägt dazu bei, uns den Untergang Egmonts zu erklären und uns durch einen Ausblick in die Zukunft mit seinem Schicksale zu versöhnen.

[5.] Ich fürchte Oranien und fürchte für Egmont

A. Die Regentin Margarete von Parma hat ihrem Geheimschreiber Machiavell einen ausführlichen Bericht über die Unruhen in den niederländischen Provinzen an ihren Bruder, den König Philipp, aufgetragen. Obgleich sie ein weiteres Umsichgreifen des Übels befürchtet, verwirft sie den Rat Machiavells, durch Anerkennung des neuen Glaubens der Bewegung den Boden zu entziehen, und bekennt sich deutlich als Anhängerin der alten Lehre, des Katholizismus. Eine Bemerkung des Geheimschreibers lenkt das Gespräch auf die Stellungnahme anderer einflußreicher Personen zu den Unruhen. So kommt die Rede auf Oranien und Egmont. Machiavells Äußerung: „Ein gefährlich Paar" veranlaßt die Regentin zu der Bemerkung: „Ich fürchte Oranien und fürchte für Egmont."

B. I. Die Regentin fürchtet Oranien

1. weil er das Vertrauen des Volkes genießt, das in ihm einen schützenden Wall sieht,
2. weil er Eigenschaften besitzt, die ihn zu einem gefährlichen Gegner machen:
   a. Vorsicht und Zurückhaltung,
   b. Scharfsinn und umsichtige Berechnung aller Umstände, die er mit seherischem Auge schaut:
   aa) die Regentin wird gehen,
   bb) Alba wird sie ersetzen,
   cc) der König wird die Fürsten entmachten.
   c. Die auf großer Menschenkenntnis beruhende Gabe, die wahren Absichten zu durchschauen. So erkennt er Albas

wahre Absichten und läßt sich auch durch dessen Zögern nicht täuschen.

d. Kluge Berechnung der Mittel und Wege, drohenden Gefahren zu begegnen. Dem bedenklichen und in dem verhängnisvollen Gefühl der Sicherheit beharrenden Egmont gibt er eine Reihe von Ratschlägen, wie man sich vor Alba werde sichern können. Dem Einwand Egmonts gegenüber, daß man Alba bei seiner Ankunft begrüßen müsse, betont er die Zweckmäßigkeit äußerster Zurückhaltung. Ohne „die gefährliche Probe abzuwarten", flieht Oranien, um später, wenn die gelegene Zeit gekommen ist, für das Volk einzutreten, während Egmont bleibt und seiner dämonischen Verblendung zum Opfer fällt.

So sieht mit Recht die Regentin in Oranien einen vom Vertrauen des Volkes getragenen, klug berechnenden und zurückhaltenden Gegner, der wie kein anderer geeignet scheint, im gegebenen Augenblick die Interessen seines mächtigen, aber unterdrückten Vaterlandes Spanien gegenüber zu vertreten.

II. Die Regentin fürchtet für Egmont

1. wegen seiner bei Hofe Anstoß erregenden Handlungsweise, durch die er sich nicht nützt, weil sie ihn des Strebens nach Herrschaft verdächtig erscheinen läßt.
   a. Er läßt sich gern Graf Egmont nennen, um die Spanier durch die Erinnerung zu ärgern, daß ein Graf Karl Egmont v. Geldern von Karl V. mit Gewalt zum Verzicht auf Geldern gezwungen wurde.
   b. Er macht der Regentin „recht innerlichen, tiefen Verdruß" durch die ausweichende Antwort, die er auf ihre Klagen über die Aufstände in seiner Provinz gibt.
   c. Er verpflichtet sich durch Gelage den Adel, wie z. B. bei der Einführung neuer Livreen, einem Scherze, in dem die Regentin nur bitteren Hohn erblickt.
   d. Er weiß sich durch Leutseligkeit, Freigebigkeit und Milde in dem Volke ein williges Werkzeug für seine Pläne zu schaffen

2. um seiner Eigenschaften willen; denn er zeigt:
   a. souveränes Selbstgefühl,
   b. dem heiteren Lebensgenusse zugewandten Sinn. Selbt nach der ernsten Umterredung mit dem treubesorgten Oranien schüttelt er die „fremde Sorglichkeit" ab und will die schweren Gedanken durch ein „freundlich Mittel", einen Gang zur Geliebten, völlig verscheuchen.
   c. allzu großes Vertrauen auf sein Recht, auf seine Stellung als Ritter des Goldenen Vlieses und auf die Freundschaft der Regentin.
   d. Offenheit und Freimut in der Unterredung mit Alba, dem er in seiner Arglosigkeit, ohne die ihm von der hinterlistigen Tyrannei gelegten Schlingen zu ahnen, seine innersten Gedanken enthüllt.
   e. Dämonische Verblendung gegenüber den immer dringender werdenden Warnungen Olivas, des Sekretärs, und Oraniens vor der ihm drohenden Gefahr.

C. Die Geschichte hat die Befürchtungen der Regentin als begründet erwiesen. Egmont fällt als Opfer seiner Sorglosigkeit, seiner allzugroßen Vertrauensseligkeit, seines unüberlegten Freimutes und seiner dämonischen Verblendung.

[6.] Die Ursachen der Erbitterung und Auflehnung des niederländischen Volkes gegen die spanische Herrschaft

Das arbeitsame, seinem Landesherrn treu ergebene und ruheliebende Volk der **Niederländer tritt uns in Goethes „Egmont" als ein gegen die spanische Herrschaft erbittertes und sich auflehnendes Volk entgegen.** Welches sind die Ursachen dieser Haltung? Die Ursachen sind die **neue Religion** und **die Angriffe auf die Selbständigkeit des Volkes.** Dem aufgeklärten, selbständigen Volke sagt die neue aus Deutschland eingedrungene Lehre, die täglich mehr Anhänger gewinnt, zu, und besonders sein besserer Teil ist ihr zugetan. Was man als recht und wahr erkannt hat, will

man sich nicht nehmen lassen. Das soll aber jetzt geschehen; denn eine fremde Macht greift ihre Gewissensfreiheit an und trifft in wohlüberlegter Weise alle Anstalten, die neue Religion auszurotten. Außerdem wollen der König von Spanien selbst und eine ihm gleichgesinnte Partei die Selbständigkeit des Volkes beseitigen.
Zu Beginn des Dramas sehen wir die Bevölkerung voll Unwillen darüber, daß sich der Spanier in ihre religiösen Angelegenheiten einmischt. An drei Bischöfen hat sie genug; jetzt sind es ihrer siebzehn geworden. Die Regentin, die es selbst mit ihren Gegnern hält, hat dies nicht verhindert. Demgegenüber wollen die Niederländer ihre Gewissensfreiheit schützen. Sie lassen sich auch nicht durch die furchtbare Einrichtung schrecken, die der Spanier ins Land gebracht hat, durch die Inquisition; sie wissen, daß deren Diener allenthalben umherschleichen und daß Philipp überall Spione hat. Demgegenüber vermeiden sie jedoch jeden bewaffneten Widerstand und hoffen auf den Schutz des Adels.
Außerdem ist das Volk darüber aufgebracht, daß seine staatlichen Rechte verletzt werden. Fremde werden ins Land gezogen die sich auf Unkosten der Bürger Besitz verschaffen; einige Ämter sind bereits mit Spaniern besetzt. Die Ansicht, daß der König das Volk unbedingt unterjochen will, ist allgemein verbreitet. Der Gedanke, daß es sich um ihre Freiheit und Verfassung handelt, läßt die Niederländer alles andere vergessen. Trotzdem wollen sie von gewalttätiger Auflehnung nichts wissen und, solange es geht, den Weg des Rechtes und der Ordnung einschlagen. Hierin sind sich Adel und Bürgerschaft einig.
Das Schlimmste aber ist, daß Philipp den grausamen Alba mit einem Heere ins Land schickt. Jetzt wird die Regentin veranlaßt, das Land zu verlassen; jetzt wird eine Verordnung erlassen: wenn zwei oder drei auf der Straße zusammen sprechen, sind sie ohne Untersuchung des Hochverrats schuldig; jetzt wird mit aller Kraft darauf hingearbeitet, daß sie aufhören, eine Nation zu bilden. Demgegenüber brauchen sie noch keine Gewalt, sondern wandern entweder mit Kind und Kegel aus oder leben in völliger Einschüchterung.
Zuletzt flieht auch Oranien, und Egmont, die letzte Stütze des Volkes, wird hingerichtet.

[7.] Die Abweichungen von der geschichtlichen Überlieferung in Goethes „Egmont"

Goethe schildert in seinem „Egmont" den historischen Hintergrund im allgemeinen getreu. In einigen wesentlichen Punkten jedoch weicht er von der geschichtlichen Überlieferung ab.
Was zunächst die Darstellung der Tatsachen anlangt, so verlegt Goethe die Unterredung zwischen Egmont und Oranien von Villebroek, einem Dorfe zwischen Brüssel und Antwerpen, nach Brüssel. Dieser Ort ist der eigentliche Schauplatz der Begebenheiten, und die Warnungen, die Egmont hier erhält, passen so besser in den Zusammenhang. Auch sollen wir uns die beiden Volkshäupter in der Hauptstadt gleichzeitig anwesend denken, da Alba sie nach Goethes Darstellung zusammen gefangenzunehmen gedenkt. Sodann verlegt der Dichter die Abdankung der Regentin vor Albas Einzug in Brüssel. Dieser soll dort den Grafen Egmont ohne den Beistand und Schutz der Regentin vorfinden; auch soll uns deutlich gemacht weden, daß Egmont seinen Untergang durch seine Sorglosigkeit selbst verschuldet, indem er es versäumt, auf die Regentin, deren Herzen er nahesteht, seinen Einfluß auszuüben, um mit ihr zusammen Alba fernzuhalten. Schließlich zieht Goethe die Dauer der Ereignisse von fast zwei Jahren auf einige Monate oder Wochen zusammen und rückt sie so näher aneinander, um dadurch ihren Zusammenhang hervorzuheben.
An zweiter Stelle beschränkt der Dichter die Zahl der mitwirkenden Personen. Um die Handlung zu vereinfachen und das Interesse nicht zu zersplittern, rückt er den geschichtlich bedeutenderen Wilhelm von Oranien in den Hintergrund und benutzt ihn nur als Gegensatz zu Egmont; aus denselben Gründen läßt er den Grafen Hoorn ganz weg.
Am stärksten weicht Goethe in der Erfindung von Personen und der Umgestaltung der geschichtlich gegebenen Charaktere von der Überlieferung ab. So ist die durch die reine Liebe Brackenburgs geadelte Gestalt Klärchens von ihm erfunden, um uns einerseits die Tatenlosigkeit und Sorglosigkeit, andererseits die Unwiderstehlichkeit Egmonts zu schildern. Ferner zeigt er uns gegen die

geschichtliche Überlieferung in Oliva einen für Egmont besorgten Freund, der aber mit seinen Warnungen tauben Ohren predigt. Charakter und die persönlichen Verhältnisse Egmonts von der Geschichte wesentlich abweichend dar.
Der Geschichtsschreiber Strada schildert ihn als einen Mann, der aus Eitelkeit dem Volke zwar schmeichelte, aber auch Gunst des Königs nicht verlieren wollte; der, eifersüchtig auf den ihm als Staatsmann überlegenen Wilhelm von Oranien über dessen Weggang aus den Niederlanden erfreut war, da er dadurch seinen Nebenbuhler verlor; der endlich als Gatte einer bayrischen Prinzessin und als Vater mehrerer Kinder auf die Vermehrung und Erhaltung seines Vermögens bedacht war und fürchten mußte, bei einer Flucht seine Güter zu verlieren. Diese Eigenschaften aber machten Egmont ungeeignet zu dem Helden der Dichtung. Goethe tilgte deshalb die Flecken, die seinem Charakter anhafteten, und verlieh ihm die Gabe, alle Menschen zu fesseln. Außerdem entsprach nach seiner Auffassung ein Mann mit Frau und Kindern nicht dem Helden des Dramas, der in seinem Edelmut und seiner bestrickenden Liebenswürdigkeit alle Eigenschaften besitzt, um die Gunst des Volkes, die Liebe Klärchens und die Regentin zu gewinnen.
Aus alledem ist zu sehen, daß Goethes Dichtung ein dramatisches Charaktergemälde ist, dessen Einheit nicht sowohl in der Handlung als auch besonders in dem Helden, dem Angelpunkte des Ganzen, liegt (s. Vorbemerkung)

5. Zeitgenössische Texte zum besseren Verständnis des Dramas

5.1 Immanuel Kant: Die vollkommene bürgerliche Verfassung (1784)

Das größte Problem für die Menschengattung, zu dessen Auflösung die Natur ihn zwingt, ist die Erreichung einer allgemein das Recht verwaltenden bürgerlichen Gesellschaft. Da nur in der Gesellschaft und zwar derjenigen, die die größte Freiheit mithin einen

durchgängigen Antagonism ihrer Glieder, und doch die genaueste Bestimmung und die Sicherung der Grenzen dieser Feiheit hat, damit sie mit der Freiheit anderer bestehen könne, – da nur in ihr die höchste Absicht der Natur, nämlich die Entwicklung aller ihrer Anlagen, in der Menschheit erreicht werden kann, die Natur auch will, daß sie diesen, so wie alle Zwecke ihrer Bestimmung, sich selbst verschaffen solle: so muß eine Gesellschaft, in welcher Freiheit unter äußeren Gesetzen im größtmöglichen Grade mit unwiderstehlicher Gewalt verbunden angetroffen wird, d.i. eine vollkommen gerechte bürgerliche Verfassung die höchste Aufgabe der Natur für die Menschengattung sein; weil die Natur nur vermittelst der Auflösung und Vollziehung derselben ihre übrigen Absichten mit unserer Gattung erreichen kann. In diesen Zustand des Zwanges zu treten, zwingt den sonst für ungebundene Freiheit so sehr eingenommenen Menschen die Not; und zwar die größte unter allen, nämlich die, welche sich Menschen untereinander selbt zufügen, deren Neigungen es machen, daß sie in wilder Freiheit nicht lange nebeneinander bestehen können. (...)
Das Problem der Errichtung einer vollkommenen bürgerlichen Verfassung ist von dem Problem eines gesetzmäßigen äußeren Staatenverhältnisses abhängig und kann ohne das letztere nicht aufgelöst werden. Was hilft's, an einer gesetzmäßigen bürgerlichen Verfassung unter einzelnen Menschen, d.i. an der Anordnung eines gemeinen Wesens zu arbeiten? Dieselbe Ungeselligkeit, welche die Menschen hierzu nötigte, ist wieder die Ursache, daß ein jedes Gemeinwesen in äußerem Verhältnisse, d.i. als ein Staat in Beziehung auf Staaten in ungebundener Freiheit steht, und folglich einer von dem anderen eben die Übel erwarten muß, die die einzelnen Menschen drückten und sie zwangen, in einen gesetzmäßigen bürgerlichen Zustand zu treten. Die Natur hat also die Unvertragsamkeit der Menschen, selbst der großen Gesellschaften und Staatskörper dieser Art Geschöpfe, wieder zu einem Mittel gebraucht, um in dem unvermeidlichen Antagonism derselben einen Zustand der Ruhe und Sicherheit auszufinden; d.i. sie treibt durch die Kriege, durch die überspannte und niemals nachlassende Zurüstung zu denselben, durch die Not, die dadurch endlich ein jeder Staat,

selbst mitten im Frieden, innerlich fühlen muß, zu anfänglich unvollkommenen Versuchen, endlich aber nach vielen Verwüstungen, Umkippungen und selbst durchgängiger innerer Erschöpfung ihrer Kräfte zu dem, was ihnen die Vernunft auch ohne soviel traurige Erfahrung hätte sagen können, nämlich: aus dem gesetzlosen Zustand der Wilden hinauszugehen und in einen Völkerbund zu treten; wo jeder, auch der kleinste Staat, seine Sicherheit und Rechte nicht von eigener Macht oder eigener rechtlicher Beurteilung, sondern allein von diesem großen Völkerbunde (Foedus Amphictyonum), von einer vereinigten Macht und von der Entscheidung nach Gesetzen des vereinigten Willens erwarten könnte. So schwärmerisch diese Idee auch zu sein scheint, und als eine solche an einem Abbé von St. Pierre oder Rousseau verlacht worden, (vielleicht, weil sie solche in der Ausführung zu nahe glaubten): so ist es doch der unvermeidliche Ausgang der Not, worein sich Menschen einander versetzen, die die Staaten zu eben der Entschließung (so schwer es ihnen auch eingeht) zwingen muß, wozu der wilde Mensch ebenso ungern gezwungen ward, nämlich: seine brutale Freiheit aufzugeben und in einer gesetzmäßigen Verfassung Ruhe und Sicherheit zu suchen. – Alle Kriege sind demnach soviel Versuche (zwar nicht in der Absicht der Menschen, aber doch in der Absicht der Natur), neue Verhältnisse der Staaten zustande zu bringen und durch Zerstörung, wenigstens Zerstückelung alter, neue Körper zu bilden, die sich aber wieder, entweder in sich selbst oder nebeneinander nicht erhalten können und daher neue ähnliche Revolutionen erleiden müssen; bis endlich einmal, teils durch die bestmögliche Anordnung der bürgerlichen Verfassung innerlich, teils durch eine gemeinschaftliche Verabredung und Gesetzgebung äußerlich, ein Zustand errichtet wird, der, einem bürgerlichen gemeinen Wesen ähnlich, so wie ein Automat sich selbst erhalten kann.

5.2 Friedrich Schiller: aus: Geschichte des Abfalls der Vereinigten Niederlande von der spanischen Regierung

Alle diese Betrachtungen zusammengenommen bewogen den Prinzen, ein Vorhaben, dem der jetzige Zeitlauf nicht hold war, auf eine glücklichere Stunde zurückzulegen und ein Land zu verlassen, wo sein längeres Verweilen nichts mehr gutmachen konnte, ihm selbst aber ein gewisses Verderben bereitete. Über die Gesinnungen Philipps gegen ihn konnte er nach so vielen eingezogenen Erkundigungen, so vielen Proben seines Mißtrauens, so vielen Warnungen aus Madrid nicht mehr zweifelhaft sein. Wäre er es auch gewesen, so würde ihn die furchtbare Armee, die in Spanien ausgerüstet wurde und nicht den König, wie man fälschlich verbreitete, sondern, wie er besser wußte, den Herzog von Alba, den Mann, der ihm am meisten widerstund und den er am meisten zu fürchten Ursache hatte, zum Führer haben sollte, sehr bald aus seiner Ungewißheit gerissen haben. Der Prinz hatte zu tief in Philipps Seele gesehen, um an eine aufrichtige Versöhnung mit diesem Fürsten zu glauben, von dem er einmal gefürchtet worden war. Auch beurteilte er sein eigenes Betragen zu richtig, um, wie sein Freund Egmont, bei dem König auf einen Dank zu rechnen, den er nicht bei ihm gesäet hatte. Er konnte also keine andere als feindselige Gesinnungen von ihm erwarten, und die Klugheit riet ihm an, sich dem wirklichem Ausbruche derselben durch eine zeitige Flucht zu entziehen. (...)

(...) Diese merkwürdige Zusammenkunft, die letzte, welche zwischen beiden Freunden gehalten wurde, ging in Willebroeck, einem Dorfe an der Rupel zwischen Brüssel und Antwerpen, vor sich; mit dem geheimen Sekretär Berty war auch der junge Graf von Mansfeld dabei zugegen. Die Reformierten, deren letzte Hoffnung auf dem Ausschlag dieser Unterredung beruhte, hatten Mittel gefunden, den Inhalt derselben durch einen Spion zu erfahren, der sich in dem Schornsteine des Zimmers versteckt hielt, wo sie vor sich ging.[11] Alle drei bestürmten hier den Entschluß des Prinzen mit vereinigter Beredsamkeit, jedoch ohne ihn zum Wanken zu

11) Meteren [? Meursius I, 28]

bringen. »Es wird dir deine Güter kosten, Oranien, wenn du auf diesem Vorsatz bestehest«, sagte endlich der Prinz von Gaure, indem er ihm seitwärts zu einem Fenter folgte. »Und dir dein Leben, Egmont, wo du den deinigen nicht änderst«, versetzte jener. »Mir wenigstens wird es Trost sein in jedem Schicksale, daß ich dem Vaterlande und meinen Freunden mit Rat und Tat habe nahe sein wollen in der Stunde der Not; du wirst Freunde und Vaterland in ein Verderben mit dir hinabziehen.« Und jetzt ermahnte er ihn noch einmal dringender, als er je vorher getan, sich einem Volke wiederzuschenken, das sein Arm allein noch zu retten vermöge; wo nicht, um seiner selbst willen wenigstens dem Gewitter auszuweichen, das aus Spanien her gegen ihn im Anzuge sei.

Aber alle noch so lichtvollen Gründe, die eine weitsehende Klugheit ihm an die Hand gab, mit aller Lebendigkeit, mit allem Feuer vorgetragen, das nur immer die zärtliche Bekümmernis der Freundschaft ihnen einhauchen konnte, vermochten nicht, die unglückselige Zuversicht zu zerstören, welche Egmonts guten Verstand noch gebunden hielt. Oraniens Warnung kam aus einer trübsinnigen verzagenden Seele; und für Egmont lachte noch die Welt. Herauszutreten aus dem Schoße des Überflusses, des Wohllebens und der Pracht, worin er zum Jüngling und zum Manne geworden war, von allen den tausendfachen Gemächlichkeiten des Lebens zu scheiden, um derentwillen allein es Wert für ihn besaß, und dies alles, um einem Übel zu entgehen, das sein leichter Mut noch so weit hinausrückte – nein, das war kein Opfer, das von Egmont zu verlangen war. Aber auch minder weichlich, als er war – mit welchem Herzen hätte er eine von langem Glücksstande verzärtelte Fürstentochter, eine liebende Gattin und Kinder, an denen seine Seele hing, mit Entbehrungen bekannt machen sollen, an welchen sein eigener Mut verzagte, die eine erhabene Philosophie allein der Sinnlichkeit abgewinnen kann. »Nimmer mehr wirst du mich bereden, Oranien«, sagte Egmont, »die Dinge in diesem trüben Lichte zu sehen, worin sie deiner traurigen Klugheit erscheinen. Wenn ich es erst dahin gebracht haben werde, die öffentlichen Predigten abzustellen, die Bilderstürmer zu züchtigen, die Rebellen zu Boden zu treten und den Provinzen ihre vorige Ruhe wiederzuschenken – was kann der

König mir anhaben? Der König ist gütig und gerecht, ich habe mir Ansprüche auf seine Dankbarkeit erworben, und ich darf nicht vergessen, was ich mir selbst schuldig bin.« »Wohlan«, rief Oranien mit Unwillen und innerem Leiden, »so wage es denn auf diese königliche Dankbarkeit. Aber mir sagt eine traurige Ahndung – und gebe der Himmel, daß sie mich betrüge! – daß du die Brücke sein werdest, Egmont über welche die Spanier in das Land setzen, und die sie abbrechen werden, wenn sie darüber sind.« Er zog ihn, nachdem er dieses gesagt hatte, mit Innigkeit zu sich, drückte ihn feurig und fest in die Arme. Lange, als wärs für das ganze übrige Leben, hielt er die Augen auf ihn geheftet, Tränen entfielen ihm, sie sahen einander nicht wieder.[12] (...)
(...) Als der Tag erschienen, der zur Ausführung dieses Anschlags bestimmt war, ließ er alle Staatsräthe und Ritter, als ob er sich über die Staatsangelegenheiten mit ihnen besprechen müßte, zu sich entbieten, bei welcher Gelegenheit von Seiten der Niederländer der Herzog von Arschot, die Grafen von Mansfeld, der von Berlaymont, von Aremberg und von spanischer Seite, außer den Söhnen des Herzogs, Vitelli, Cerbelloni und Ibarra zugegen waren. Dem jungen Grafen von Mansfeld, der gleichfalls bei dieser Versammlung erschien, winkte sein Vater, daß er sich eiligst wieder unsichtbar machte und durch eine schnelle Flucht dem Verderben entging, das über ihn, als einen ehemaligen Teilhaber des Geusenbundes, verhängt war. Der Herzog suchte die Beratschlagung mit Fleiß in die Länge zu ziehen, um die Kuriere aus Antwerpen zuvor abzuwarten, die ihm von der Verhaftnehmung der übrigen Nachricht bringen sollten. Um dieses mit desto weniger Verdacht zu tun, mußte der Kriegsbaumeisetr Paciotti bei der Beratschlagung mit zugegen sein und ihm die Risse zu einigen Festungen vorlegen. Endlich ward ihm hinterbracht, daß Lodrons Anschlag glücklich vonstatten gegangen sei, worauf er die Unterredung mit guter Art abbrach und die Staatsräte von sich ließ. Und nun wollte sich Graf Egmont nach den Zimmern Don Ferdinands begeben, um ein angefangenes Spiel mit ihm fortzusetzen, als ihm der Hauptmann von der Leibwa-

12) Thuanus 2, 527. Strada 183. Meteren I, 95 [?]. Burgundius 470 bis 472. Meursius I, 28.

che des Herzogs, Sancho von Avila, in den Weg trat und im Namen des Königs den Degen abforderte. Zugleich sah er sich von einer Schar spanischer Soldaten umringt, die, der Abrede gemäß, plötzlich aus dem Hintergrunde hervortraten. Dieser höchst unerwartete Streich griff ihn so heftig an, daß er auf einige Augenblicke Sprache und Besinnung verlor; doch faßte er sich bald wieder und nahm seinen Degen mit gelaßnem Anstand von der Seite. »Dieser Stahl«, sagte er, indem er ihn in des Spaniers Hände gab, »hat die Sache des Königs schon einigemal nicht ohne Glück verteidigt.« Zur nämlichen Zeit bemächtigte sich ein anderer spanischeer Offizier des Grafen von Hoorne, der ohne alle Ahndung der Gefahr soeben nach Hause kehren wollte. Hoornes erste Frage war nach Graf Egmont. Als man ihm antwortete, daß seinem Freunde in eben dem Augenblicke dasselbe begegne, ergab er sich ohne Widerstand. »Von ihm hab ich mich leiten lassen«, rief er aus, »es ist billig, daß ich ein Schicksal mit ihm teile.« Beide Grafen wurden in verschiedenen Zimmern in Verwahrung gebracht. Indem dieses innen vorging, war die ganze Garnison ausgerückt und stand vor dem Culembourgischen Hause unter dem Gewehre. Niemand wußte, was drinnen vorgegangen war, ein geheimnisvolles Schrecken durchlief ganz Brüssel, bis endlich das Gerücht diese unglückliche Begebenheit verbreitete. Sie ergriff alle Einwohner, als ob sie jedem unter ihnen selbst widerfahren wäre; bei vielen überwog der Unwille über Egmonts Verblendung das Mitleid mit seinem Schicksal, alle frohlockten, daß Oranien entronnen sei. Auch soll die erste Frage des Kardinals Granvella, als man ihm in Rom diese Botschaft brachte, gewessen sein, ob man den *Schweigenden* auch habe? Da man ihm dieses verneinte, schüttelte er den Kopf: »Man hat also gar nichts«, sagte er, »weil man den Schweigenden entwischen ließ.« (...)
In der Nacht zwischen dem 4ten und 5ten Junius brachte man ihnen die Sentenz ins Gefängnis, nachdem sie schon schlafen gegangen waren. Der Herzog hatte sie dem Bischof von Ypern, Martin Rithof, eingehändigt, den er ausdrücklich darum nach Brüssel kommen ließ, um die Gefangenen zum Tode zu bereiten. Als der Bischof diesen Auftrag erhielt, warf er sich dem Herzoge zu Füßen und flehte mit Tränen in den Augen um Gnade – um Aufschub we-

nigstens für die Gefangenen; worauf ihm mit harter zorniger Stimme geantwortet wurde, daß man ihn nicht von Ypern gerufen habe, um sich dem Urteile zu widersetzen, sondern um es den unglücklichen Grafen durch seinen Zuspruch zu erleichtern.
Dem Grafen von Egmont zeigte er das Todesurteil zuerst vor. »Das ist fürwahr ein strenges Urteil«, rief der Graf bleich und mit entsetzter Stimme. »So schwer glaubte ich Se. Majestät nicht beleidigt zu haben, um eine solche Behandlung zu verdienen. *Muß* es aber sein, so unterwerfe ich mich diesem Schicksale mit Ergebung. Möge dieser Tod meine Sünden tilgen und weder meiner Gattin noch meinen Kindern zum Nachteile gereichen! Dieses wenigstens glaube ich für meine vergangenen Dienste erwarten zu können. Den Tod will ich mit gefaßter Seele erleiden, weil es Gott und dem König so gefällt.« – Er drang hierauf in den Bischof, ihm ernstlich und aufrichtig zu sagen, ob keine Gnade zu hoffen sei. Als ihm mit Nein geantwortet wurde, beichtete er und empfing das Sakrament von dem Priester, dem er die Messe mit sehr großer Andacht nachsprach. Er fragte ihn, welches Gebet wohl das beste und rührendste sein würde, um sich Gott in seiner letzten Stunde zu empfehlen. Da ihm dieser antwortete, daß kein eindringenderes Gebet sei als das, welches Christus der Herr selbst gelehret habe, das Vaterunser, so schickte er sich sogleich an, es herzusagen. Der Gedanke an seine Familie unterbrach ihn; er ließ sich Feder und Tinte geben und schrieb zwei Briefe, einen an seine Gemahlin, den andern an den König nach Spanien, welcher letztere also lautete:

Sire!

Diesen Morgen habe ich das Urteil angehört, welches Ew. Majestät gefallen hat über mich aussprechen zu lassen. So weit ich auch immer davon entfernt gewesen bin, gegen die Person oder den Dienst Ew. Majestät oder gegen die einzig wahre, alte und katholische Religion etwas zu unternehmen, so unterwerfe ich mich dennoch dem Schicksale mit Geduld, welches Gott gefallen hat über mich zu verhängen. Habe ich während der vergangenen Unruhen etwas zugelassen, geraten oder getan, was meinen Pflichten zu widerstreiten scheint, so ist es gewiß aus der besten Meinung geschehen und mir durch den Zwang der Umstände abgedrungen worden. Darum bitte ich Ew. Majestät, es mir zu vergeben und in Rücksicht auf meine vergangenen Dienste mit meiner unglücklichen Gattin und meinen armen Kindern und Dienstleuten Erbarmen zu tragen. In dieser festen Hoffnung empfehle ich mich der unendlichen Barmherzigkeit Gottes.

Brüssel, den 5ten Jun. 1568, dem letzten Augenblick nahe.

Ew. Majestät
treuster Vasall und Diener,
Lamoral Graf von Egmont.

Diesen Brief empfahl er dem Bischof aufs dringendste; um sicherer zu gehen, schickte er noch eine eigenhändige Kopie desselben an den Staatsrat Viglius, den billigsten Mann im Senate, und es ist nicht zu zweifeln, daß er dem König wirklich übergeben worden. Die Familie des Grafen erhielt nachher alle ihre Güter, Lehen und Rechte zurück, die kraft des Urteils dem königlichen Fiskus heimgefallen waren.

Unterdessen hatte man auf dem Markte zu Brüssel vor dem Stadthause ein Schafott aufgeschlagen, auf welchem zwei Stangen mit eisernen Spitzen befestigt wurden, alles mit schwarzem Tuche bedeckt. Zweiundzwanzig Fahnen spanischer Garnison umgaben das Gerüste, eine Vorsicht, die nicht überflüssig war. Zwischen 10 und 11 Uhr erschien die spanische Wache im Zimmer des Grafen, sie war mit Strängen versehen, ihm, der Gewohnheit nach, die Hände damit zu binden. Er verbat sich dieses und erklärte, daß er willig und bereit sei zu sterben. Von seinem Wams hatte er selbst den Kragen abgeschnitten, um dem Nachrichter sein Amt zu erleichtern. Er trug einen Nachtrock von rotem Damast, über diesem einen schwarzen spanischen Mantel mit goldnen Tressen verbrämt. So erschien er auf dem Gerüste. Don Julian Romero, Maitre de Camp, ein spanischer Hauptmann mit Namen Salinas und der Bischof von Ypern folgten ihm hinauf. Der Grand Prevot des Hofs, einen roten Stab in der Hand, saß zu Pferde am Fuß des Gerüstes; der Nachrichter war unter demselben verborgen.

Egmont hatte anfangs Lust bezeugt, von dem Schafott eine Anrede an das Volk zu halten. Als ihm aber der Bischof vorstellte, daß er entweder nicht gehört werden, oder, wenn dies auch geschähe, bei der gegenwärtigen gefährlichen Stimmung des Volks leicht zu Gewalttätigkeiten Anlaß geben könnte, die seine Freunde nur ins Verderben stürzen würden, so ließ er dieses Vorhaben fahren. Er ging einige Augenblicke lang mit edelm Anstand auf dem Gerüste auf und nieder und beklagte, daß es ihm nicht vergönnt sei, für seinen König und sein Vaterland einen rühmlichen Tod zu sterben. Bis auf den letzten Augenblick hatte er sich noch nicht recht überreden können, daß es dem Könige mit diesem strengen Verfahren Ernst sei und daß man es weiter als bis zum bloßen Schrecken der Exekution treiben würde. Wie der entscheidende Augenblick herannahte, wo er das letzte Sakrament empfangen sollte, wie er harrend herumsah und noch immer nichts erfolgte, so wandte er sich an Julian Romero und fragte ihn noch einmal, ob keine Begnadigung für ihn zu hoffen sei. Julian Romero zog die Schultern, sah zur Erde und schwieg.

Da biß er die Zähne zusammen, warf seinen Mantel und Nachtrock nieder, kniete auf das Kissen und schickte sich zum letzten Gebet an. Der Bischof ließ ihn das Kruzifix küssen und gab ihm die letzte Ölung, worauf ihm der Graf ein Zeichen gab, ihn zu verlassen. Er zog als dann eine seidene Mütze über die Augen und erwartete den Streich. – Über den Leichnam und das fließende Blut wurde sogleich ein schwarzes Tuch geworfen.

Ganz Brüssel, das sich um das Schafott drängte, fühlte den tödlichen Streich mit. Laute Tränen unterbrachen die fürchterlichste Stille. Der Herzog, der der Hinrichtung aus einem Fenster zusah, wischte sich die Augen.

Bald darauf brachte man den Grafen von Hoorne. Dieser, von einer heftigern Gemütsart als sein Freund und durch mehr Gründe zum Hasse gegen den König gereizt, hatte das Urteil mit weniger Gelassenheit empfangen, ob es gleich gegen ihn in einem geringern Grad unrecht war. Er hatte sich harte Äußerungen gegen den König erlaubt, und mit Mühe hatte ihn der Bischof dahin vermocht, von seinen letzten Augenblicken einen bessern Gebrauch zu machen, als sie in Verwünschungen gegen seine Feinde zu verlieren. Endlich sammelte er sich doch und legte dem Bischof seine Beichte

ab, die er ihm anfangs verweigern wollte.
Unter der nämlichen Begleitung wie sein Freund bestieg er das Gerüste. Im Vorübergehen begrüßte er viele aus seiner Bekanntschaft, er war ungebunden wie Egmont, in schwarzem Wams und Mantel, eine mailändische Mütze von eben der Farbe auf dem Kopfe. Als er oben war, warf er die Augen auf den Leichnam, der unter dem Tuche lag, und fragte einen der Umstehenden, ob es der Körper seines Freundes sei. Da man ihm dieses bejahet hatte, sagte er einige Worte spanisch, warf seinen Mantel von sich und kniete auf das Kissen. – Alles schrie laut auf, als er den tödlichen Streich empfing. Beide Köpfe wurden auf die Stangen gesteckt, die über dem Gerüste aufgepflanzt waren, wo sie bis nach drei Uhr nachmittags blieben, alsdann herabgenommen und mit den beiden Körpern in bleiernen Särgen beigesetzt wurden.
Die Gegenwart so vieler Auflaurer und Henker, als das Schafott umgaben, konnte die Bürger von Brüssel nicht abhalten, ihre Schnupftücher in das herabstömende Blut zu tauchen und diese teure Reliquie mit nach Hause zu nehmen.

Aus: Friedrich Schiller. Sämtliche Werke. Auf Grund der Originaldrucke herausgegeben von Gerhart Fricke und Herbert G. Göpfert in Verbindung mit Herbert Stubenrauch. Bd. 4. Historische Schriften. München: Hanser 1958, S. 264, 266-68, 293-95 (Geschichte des Abfalls der vereinigten Niederlande von der spanischen Regierung); 312-15 (Beilagen I. Prozeß und Hinrichtung der Grafen von Egmont und von Hoorne)

Anmerkungen zu den Fußnoten Schillers:

Meteren = Emanuel von Meteren, Eygentliche und vollkommene historische Beschreibung des Niederländischen Kriegs I. Ambsterdam 1627

Thuan = Jac. Aug. Thuani historiarum superioris seculi pars prima, Francofurti o. J.; pars secunda, Francofurti 1614

Strada = Famiani Stradae Romani e societate Jesu de bello Belgico decades duae ab excessu Caroli V. imp. usque ad initium praefecturae Alexandri Farnesii ... Moguntiae 1651

Burgund = Nicolai Burgundii J. C. et professoris ordinarii codicis in academia Ingolstadiensi. Historia Belgica ab anno 1558. Ingolstadii 1633

Meurs = Ioannis Meursi Gulielmus Auriacus ... pars prima. Amstelodami 1638.

5.3 Louis Sébastien Mercier (1740-1814): Philipp der Zweite, König von Spanien

(...) Dieser schreckliche Monarch, der gleich dem Papst Anspruch auf die Untrüglichkeit machte, hatte dem Protestantismus den Untergang geschworen und ließ den Prinzen von Oranien, den er von dem Interesse der Niederlande nicht hatte abziehen können, durch einen Meuchelmörder umbringen. Schon war Egmonts und Hoornes Tod das Signal zu der Hinrichtung achtzehn andrer Edelleute gewesen, welche durch eine besondre Kommission verurteilt worden waren; aber gibt es in der Geschichte, selbst der römischen Kaiser, ein abscheulicheres Denkmal als Philipps Achtserklärung gegen den ersten Statthalter von Holland? Wer kann ohne Schaudern die folgenden Worte lesen? »Wir versprechen auf unser königliches Wort und als ein Diener Gottes, wenn sich jemand findet, der edel genug ist, die Welt von dieser Pest zu befreien und ihn uns tot oder lebendig zu überliefern oder ihm das Leben zu nehmen, diesem fünfundzwanzigtausend Kronen zu bezahlen; und wenn er auch ein noch so großes Verbrechen begangen, so versprechen wir ihm unsre königliche Begnadigung, und wenn er noch nicht adelig ist, versetzen wir ihn und alle, die ihm darin helfen und beistehen, in den Adelstand.« In den Adelstand! – Und seinerseits wetteiferte Alba mit seinem König in der Grausamkeit; er rühmte sich, daß er achtzehntausend seiner Mitbürger auf dem Schafott hätte sterben lassen.

Die Bartholomäusnacht wurde mit Freudenbezeugungen an Philipps Hof gefeiert, während das ganze Europa in Trauer über diese schreckliche Begebenheit vesunken war.

Aber die aufrührerischen Niederländer, die man damals Bettler nannte, legten durch ihren Mut den Grund zu einem mächtigen

Freistaat. Sie gaben einen Beweis, daß einem Volke nichts unmöglich ist, welches sich fest vorgesetzt hat, entweder frei oder nicht mehr zu sein. Die Inquisition, welche in der Nähe die Neuerer zerschmetterte, half in der Ferne den Lutheranismus verbreiten, und den Haß, den man gegen die Bischöfe hatte, oder vielmehr Philipps eiserne Rute förderte diese Revolution, die Europa zum Erstaunen zwang.

Was waren die Holländer in der Mitte des sechszehnten Jahrhunderts? Ihre schnellwachsende Größe ist vielleicht die bewundernswürdigste Begebenheit in der neuen Geschichte. Ein Haufen Matrosen und Fischer, Bewohner eines sumpfigen Landes, kämpfen mit dem Meere, das sie zu verschlingen droht, und wehren sich gegen die besten Krieger in Europa, die Spanien mit dem Golde von Mexiko und Peru besoldete.

Tollkühnheit mußte es scheinen, daß sie ihrem furchtbaren Herrn zu widerstehen hofften; aber eine unüberwindliche Beharrlichkeit ersetzte bei ihnen die würklichen Kräfte. Gezwungen, auf sich selbst allein Rechnung zu machen, sahen sie sich durch ihre Unermüdlichkeit im Handel endlich in dem Stand, Spanien seine Schätze und Besitzungen zu entreißen; und Spanien, trotz seinen amerikanischen Bergwerken, fand sich endlich erschöpft.

Was erreichte er durch so viele Grausamkeiten, Ränke und Kriege, dieser Despot, der mächtigeste Monarch in Europa? Er machte seine Staaten arm, und nachdem er die amerikanischen Bergwerke erschöpft hatte, hinterließ er eine Schuld von 140 Millionen Dukaten. Eine blinde Hartnäckigkeit verleitete ihn zu einer Reihe von politischen Fehlern. Er hatte Holland von seinem Vater ererbt, er konnte ruhig über dieses Volk herrschen; aber er brachte es auf, er zwang sozusagen die Niederländer zur Empörung. Nachdem er den unsinnigen Plan ausgebrütet hatte, Frankreich und England zu unterjochen, nachdem er die Aufrührer der benachbarten Nationen unterstützt und alle Zwiespalten genährt hatte, mitten in dem Wahn, daß die Künste seiner Politik ihm alles unterwerfen müßten, hatte er den Schmerz, die Staaten von Brabant, Flandern, Seeland, Holland und Friesland sich einer fremden Herrschaft antragen zu sehen; er sah diese *Bettler*, die eine *hölzerne Schale* als spöttisches Attribut

hatten, seiner Macht trotzen und verlor ein Land, das heutzutage reicher ist als alle spanische Herschaften, das 1710 die Gewalt hatte, den Thron seiner ehemaligen Tyrannen nach Gefallen zu vergeben, und den Spaniern einen König zu ernennen.
Ein großes Beispiel! Die Generalstaaten, im Haag versammelt, erklärten feierlich Philipp den Zweiten für verlustig der Souveränität, weil er die Vorrechte der Völker verletzt hätte.
Also gewann sein Ehrgeiz dabei nichts, daß er Europa in Aufruhr gebracht hatte. Dürftigkeit und Elend schändeten ein Land, wo er vergebens ungeheure Reichtümer verschwendet hatte, um den Sektierern das Joch der römischen Kirche aufzuzwingen.
Aber wenn wir auch seinen Despotismus und seine Barbarei verabscheuen, müssen wir doch den Talenten, die er würklich besaß, Gerechtigkeit widerfahren lassen. Er hatte die weise Politik, in Spanien selbst Frieden zu erhalten; er wußte seine Minister zu wählen, er bildete sie selbst.
Auch kann man ihm die tiefe Menschenkenntnis nicht absprechen. Er studierte sorgfältig den Charakter seiner Minister, bevor er sie in Tätigkeit setzte. Seine Aufmerksamkeit war unermüdet in diesem Stücke, und sicher ist diese Kunst, den Gehalt der Menschen zu ergründen, deren man sich bedient, das erste Talent bei einem Fürsten. Aber da man seine tyrannische Hartnäckigkeit kannte, handelten seine Minister nach seinen eigenen Gründsätzen und suchten ihm ähnlich zu sein. Indessen hatte er eine übertriebene Gefälligkeit gegen den Herzog von Alba, der unter dem äußeren Schein der Ruhe die grausamste Seele verbarg; diese Gefälligkeit kostete ihm die sieben vereinigten Provinzen.
Keine Farben sind stark genug, Albas unersätlichen Blutdurst zu schildern. Er sprach allen Gesetzen Hohn und hinterließ überall die blutigen Fußtapfen seiner unseligen Gewalt. (...)

Aus: Louis Sébastien Mercier: Philipp der Zweite, König von Spanien. In: Friedrich Schiller. Sämtliche Werke. Hrsg. von G. Fricke u. H. G. Göpfert in Verbindung mit H. Stubenrauch. Band 4. Hist. Schriften. München: Hanser 1958, S. 19-21. Aus dem Französischen übersetzt von Friedrich Schiller.

Mercier = Advokat, Mitglied des französischen Konventes während der französischen Revolution, Dramatiker, Übersetzer Schillerscher Werke, Herausgeber und Publizist. Der französische Titel des Essays lautet: Portrait de Philippe II., roi d'Espagne (Amsterdam 1785).

6. Moderne Geschichtswissenschaft zum Freiheitskampf der Niederlande

6.1 Ernst Walter Zeeden:

6.1.1. Stil und Formen staatlicher Machtpolitik im Jahrhundert der Glaubenskämpfe

Wie schon im Leben des einzelnen, so pflegte sich erst recht im Leben eines Staatsganzen oder eines Staatenverbandes (Reich, Eidgenossenschaft, Generalstaaten) allerlei Komplementäres und Widersprüchliches zu kreuzen: materielle Interessen, Machtgedanken, Friedens- und Wohlfahrtsgedanken und vielleicht das Bewußtsein einer höheren Pflicht oder durch politisches Handeln zu verwirklichenden Sendung. Auch zwang die tatsächliche Lage der Dinge Staatsmänner und Regierungen immer wieder, von ihren übergeordneten Zielen etwas abzustreichen oder bestimmte Grundsätze für manche Fälle auszuklammern: Richelieu, der in Frankreich die Protestanten niederzwang und außerordentlich kurz hielt, finanzierte den Feldzug des Königs von Schweden, welcher sich zum Ziele setzte, den Protestantismus in Deutchland wiederherzustellen. Und Wilhelm von Oranien durfte es sich nicht leisten, durch religiöse Grundsatztreue in der inneren Politik den Zusammenhalt der Generalstaaten zu gefährden.
Was nun die Leitgedanken im Jahrhundert der Glaubenskämpfe angeht, so dominierten deren mehrere, die sich gegenseitig sowohl stützen und ergänzten als auch, je nach Konstellation, durchkreuzten und verdrängten: konfessionelle Orientierung der Politik; Staatskirchentum; Wohlfahrt als Regierungszweck; Konzentration

aller Hoheitsfunktionen in der Person des Herrschers – sowie das entgegengesetzte Postulat: Einschränkung der Monarchie durch Stände und Parlamente, mit Gedanken von Volkssouveränität im Hintergrund. Auch die kämpfenden Fronten überschnitten sich. Weiterhin: Staatswesen und politische Gruppen, die sich in tödlicher Feindschaft bekriegten, glichen sich, aus größerem Abstand betrachtet, dennoch oft überraschend. Sie unterschieden sich manchmal nur durch auswechselbare Vorzeichen. Sie repräsentierten auf weite Strecken den gleichen politischen Stil: Fast überall begegnen wir einer konfessionell überdeckten rücksichtslosen Macht- und Gesellschaftspolitik.

In der politischen Wirklichkeit Deutschlands und Europas rückte seit der Mitte des 16. Jh. als Leitmotiv und Zielsetzung der *konfessionelle Gedanke* beherrschend in den Vordergrund. Er spielte eine gewisse Rolle bei allen (oder doch nahezu allen) Regierungen und ihren Partnern im eigenen Land. Doch zeigte er ein anderes Gesicht je nachdem, ob er auf die auswärtigen Beziehungen oder auf das Verhalten der Staatsgewalt zur Kirche einwirkte oder ob er auf die inneren Angelegenheiten drückte. Das konfessionelle Element erschien solchergestalt aber nicht nur in verschiedenen Färbungen, sondern es mengte sich auch mit sehr *unterschiedlichen Stärkegaden* den politischen Dingen bei. Eine auswärtige Politik konsequent nach lutherischen oder katholichen Gesichtspunkten zu führen, gelang trotz ausgesprochener Absicht weder Gustav Adolf noch Philipp II. Was die konfessionelle Konsequenz anlangte, so brachten es die meisten Obrigkeiten darin in der inneren Politik sehr viel weiter; doch pflegten sie den Kirchen ihres Glaubens, falls diese einen gewissen Freiheitsraum auch nur zaghaft beanspruchten, sofort die Zähne zu zeigen. Fürsten und Regierungen betonten gern ihre Rechtgläubigkeit, ließen aber keinen Zweifel daran aufkommen, daß sie sich für zuständig hielten, in die kirchlichen Angelegenheiten bis in den letzten Winkel hineinzuregieren. Aber umgekehrt hat auch kaum je eine Konfession darauf verzichtet, sich der Kräfte und Organe des Staates oder einer Ständegruppe zu bedienen oder dieselben doch wenigstens in Anspruch zu nehmen.

Wir bezeichnen dieses Wesen summarisch als *obrigkeitliches Kir-*

chenregiment. Mit ihm taucht ein *zweiter Leitgedanke* auf, der sich mit dem konfessionellen Gedanken gelegentlich decken konnte, sich mit ihm aber doch auch oft nicht recht vertrug und ihn in Grenzfällen sogar grundsätzlich in Frage stellte. Denn letztlich stand hinter dem Kirchenregiment nicht nur (wenn überhaupt) die Idee des religiösen Auftrags als vielmehr der Gedanke von der unantastbaren *Hoheit des Herrschaftsamtes.* Das Staatskirchentum, als Ausfluß der weltlichen Hoheit betrachtet, neigte dazu, die *Freiheit der Kirche* auf ein Minimum zusammenzudrücken.
Im 16. und 17. Jh. rangen in den meisten europäischen Ländern Fürsten und Stände erbittert um die Ausübung der *Macht im Staate*. Hier trat ein weiteres Hauptphänomen des Zeitalters in Erscheinung: Das *Problem der Legitimation* zur Ausübung der politischen Macht. Die in eigenen Organisationsformen (Reichstagen, Landtagen, Städtetagen) institutionell etablierten *Zwischengewalten* (Adel, Städte, sonstige Stände) erhoben kraft Gewohnheitsrecht Ansprüche auf Mitregierung oder übten sie traditionell aus – die Monarchen hingegen pflegten derlei Ansprüche zu bestreiten oder nur begrenzt gelten zu lassen und bemühten sich, die Stände kleinzuhalten, ihren Bewegungspielraum einzuengen. Ja, sie suchten sich die Zwischengewalten wirtschaftlich, steuerlich und administrativ dienstbar zu machen. Die Stände gingen umgekehrt darauf aus, die Kompetenzen der Fürsten zu mindern oder doch – gewöhnlich über ihr Steuerbewilligungsrecht – wenigstens etwas unter Kontrolle zu bekommen. Das Problem der politischen Mitregierung war zugleich eine gesellschaftliche Frage ersten Ranges. Wo die Stände siegten, konnten sich entweder der Adel oder das Bürgertum (Holland) oder beide gemeinsam (England) in größerer Freiheit nicht nur politisch, sondern auch wirtschaftlich und kulturell entfalten.
In diesen Streit zwischen der Monarchie und den korporativen Zwischengewalten mischte sich die konfessionelle Bewegung gewissermaßen als dritte Kraft nun ebenfalls ein. Obwohl an sich gesellschaftlich neutral, optierten die Konfessionsgruppen zunächst für diejenige Seite, von der sie sich am meisten versprachen (Lutheraner für das Fürstentum im Bauernkrieg). Später spielten sich be-

stimmte Sympathien und Interessengemeinschaften ein (Anglikaner für die Monarchie gegen Puritaner und Parlament – bzw. umgekehrt). Wo die Stände im Kampf gegen die Regierung standen, suchten sie sich gern der Unterstützung der einen oder der anderen Konfession zu vergewissern. Auf diese Weise wuchs sich die Auseinandersetzung zwischen Adel und Fürstentum gelegentlich zum Religionskrieg aus, oder es entzündete sich am konfessionellen Streit ein Bürgerkrieg, wobei das religiöse Moment teils als Leitmotiv, teils nur als Begleitmotiv figurierte. – Was die *Staatsform* betraf, so galt in Europa ganz überwiegend noch im 16. und 17. Jh. die Monarchie als die gottgegebene Form der Regierung. So hatten denn die Fürsten die Zeitstimmung für sich. Die allgemeine Denkweise der Epoche begünstigte sie, als sie im Kampf gegen die Stände stufenweise zum Absolutismus fortschritten. Freilich gelang ihnen das nicht überall (Polen, England, Niederlande), und auch die Gegenseite kämpfte mit religiösen Argumenten (England).
Als *viertem Leitgedanken*, auf den sich der staatliche Hoheitsanspruch stützte, begegnen wir der Idee der obrigkeitlichen *Schutzpflicht* und der Sorge für die allgemeine *Wohlfahrt*. Sie dominierte in der Vorstellungswelt vieler deutscher Territorialfürsten und Stadtregierungen und vermochte sich vorzüglich mit dem Grundsatz konfessioneller Regierungspolitik zu verbinden (wie sie andererseits z.B. auch den Absolutheitsanspruch des Fürstentums zu stützen half). Die Obrigkeiten lebten allenthalben in dem Bewußtsein, daß ihnen mit der Regierungsgewalt die quasi hausväterliche Obsorge für Heil und Wohlfahrt ihrer Untertanenschaft anvertraut worden sei. Auch den Weg zum ewigen Heil zu weisen, hielten sich die Regierungen für befugt – daher ihr kirchlich-konfessioneller Rigorismus mit Polizeistrafen und Gewissenszwang in Sachen des Glaubens, des Gottesdienstbesuchs usw.
Die hier angedeuteten Tendenzen und Leitgedanken tauchten in der europäischen Geschichte im Zeitalter der Glaubenskämpfe in den verschiedensten Stärkegraden, Versionen und Kombinationen auf. Im ganzen durchwirkten sie das Geschehen in alle Breiten und Tiefen. Und zwar so kräftig, daß man mit Rücksicht auf die Kooperation der politischen und religiösen Dominanten die Epoche auch

ein »Zeitalter des konfessionellen Absolutismus« (Karl Eder) genannt hat.

6.1.2 Grundzüge der politischen und sozialen Entwicklung

Im Staatswesen konzentrierten seit dem Ende des Mittelalters die Fürsten und Könige entschiedener als zuvor die anwachsenden Regierungsaufgaben in ihrer Hand. Den Anfang machten die Monarchien Westeuropas. Indem die Könige von Frankreich, Kastilien, Aragon und auch von England eine größere Unabhängigkeit der Regierung anstrebten, suchten sie allenthalben die Stände, namentlich die Hocharistokratie, zurückzudrängen und sich in abgestuften Graden botmäßig zu machen. In der gleichen Absicht wendeten sie sich auch gegen Städte und Landadel. Dies gelang den Monarchen oft, aber nicht immer.
In *England* z. B. behauptete die Vertretung der Mittelstände, das Unterhaus, sein Recht auf Mitsprache. In *Schottland stand* es ähnlich. In *Polen* wagten die Könige die Freiheit der Magnaten und des niederen Adels nicht anzutasten; desgleichen bewahrten auch in *Ungarn* die Städte und Magnaten weitgehende Rechte und Freiheiten. Aristokratisch regierte sich *Venedig*; im wesentlichen aristokratisch auch die Union der sieben nördlichen Provinzen der *Niederlande* (die sogenannten Generalstaaten). Zahlreiche Formen der nichtmonarchischen Selbstregierung herrschten in der *Schweiz*; in *Deutschland* unterhöhlten die nachgesetzten Obrigkeiten der Reichsstände die Monarchie des Kaisers.
Doch trotz dieser zahlreichen Gegenbeispiele läßt sich der Zug zur Steigerung der Monarchie nicht verkennen. Könige und Fürsten übernahmen Aufgaben größeren Stiles in der inneren Politik: Sie bauten eine rationelle Verwaltungs- und Finanzadministration auf, sie nahmen die Zügel straffer in die Hand, sie umgaben sich mit einem Hofstaat und hoben sich durch tausenderlei Praktiken und Methoden von allen übrigen sozialen Rängen mit deutlichem Abstand ab. Dies geschah nicht immer lautlos und ohne Kampf. Im Gegenteil: Auch dort, wo am Ende der Monarch der Gewinner blieb, bedurfte es oft langer und leidenschaftlicher Kämpfe, bis er sich

gegen Stände, Städte und sonstige Zwischengewalten endgültig durchsetzte.
Dieser innenpolitische Prozeß spielte sich in beinahe sämtlichen europäischen Ländern und in vielen deutschen Territorien ab. In England mußte die Krone vor dem Parlament und den sozialen Schichten, die es politisch trugen, zurückweichen. Anders war das Ergebnis in den meisten festländischen Fürstenstaaten: Die Habsburger vermochten sich – allerdings nur unter allergrößten Anstrengungen – der frondierenden Stände in ihren Erb- und Kronländern zu erwehren, desgleichen die französichen Könige. Spanien, Frankreich, Österreich, Bayern, Brandenburg-Preußen, Dänemark und Portugal sahen im Unterschied zu England den König oder Fürsten als Sieger. Der fürstliche Absolutismus hielt seinen Einzug und nahm von der Macht allumfassend Besitz. Er etablierte sich nicht von heute auf morgen, sondern in dem Auf und Ab eines langen historischen Prozesses, der viele Generationen umspannte und sich etwa bis 1700 hinzog oder noch darüber hinaus. Dieser politische Prozeß war zugleich ein *sozialer* Prozeß von eminenter Bedeutung. Die Spitzen der gesellschaftlichen Kräfte wurden von ihrem uralten Geschäft des Mitregierens zwangsweise dispensiert und an den Rand der Politik gedrückt. Ihr Herkommen befugte sie ehedem, tief in die Geschicke ihres Standes und ihres Landes einzugreifen, und zwar kraft eigenen Rechtes. Politisch hatten sie über eine bedeutende Stellung und enorme Kompetenzen verfügt, die gelegentlich noch weiter reichten als der Arm des Landesfürsten. (...)
Die Kämpfe zwischen Krone und Ständen verliefen im einzelnen verschieden nach Art und Dauer. Manchmal ging es unblutig ab wie in Ostfriesland. Vielfach kam es aber auch zu Aufständen und furchtbaren Zusammenstößen wie in Frankreich und Österreich, in den Niederlanden, in Böhmen oder England.
Beide Seiten bedienten sich einer ihnen zusagenden Ideologie und übten sich darin, ihre Gegner in Pamphleten, Flugschriften und illustrierten Einzelblattdrucken anzugreifen – ohne feinere Rücksichten auf den Wahrheitsgehalt ihrer oft sehr massiven Aussagen.
Mitten in diese ständisch-politische Auseinandersetzung hinein

brachen Reformation und Gegenreformation, evangeliche Bewegung und katholische Reform und trieben sie voran. Glaubenskämpfe und Ständekämpfe, konfessionelle Propaganda und politisch-ideologische Publizistik fielen zusammen, nicht nur zeitlich. Sie vermischten und vermengten sich sachlich so kräftig miteinander, daß sich lange Zeit hindurch in vielen Fällen das eine vom anderen nicht mehr säuberlich scheiden läßt. Die bedenkenlose und problemreiche Kombination politischer und sozialer Zwecke mit konfessionellen Absichten (und gelegentlich auch mit völkischen und nationalen Zielen) macht geradezu die tiefste Signatur des Zeitalters aus.

Es gibt aber auch noch einen anderen Aspekt: Die *politische Rolle* der Städte und Stände ging zwar laufend zurück, das alte *Gesellschaftsgefüge* blieb aber erhalten. Die soziale Oberschicht, in vielen Monarchien politisch an die Wand gedrückt, erhielt im Zuge der weiteren Entwicklung sogar wichtige neue Funktionen: Sie wurde u. a. zu einer der wichtigsten Klammern zwischen den auseinanderstrebenden alten Größen Alteuropas. Während die Staaten sich schärfer gegeneinander absonderten und die Kirche sich in Konfessionen zersplitterte, hielt hingegen die alte Gesellschaftsordnung beide bis zu einem gewissen Grade zusammen. Die Rivalitätskämpfe der großen Mächte, die Religionskriege in Ost und West, die Kirchen- und Glaubensspaltung hinterließen gewaltige Risse und Sprünge, aber darüber blieb die traditionelle ständische Gesellschaftsordnung der abendländischen Völker dennoch erhalten. In ihr und in der relativen Gemeinsamkeit der Bildung, der Kultur und des geistigen Lebens lag ein noch sehr lange anhaltendes Ferment der Einheit Mittel- und Westeuropas. Die Gesellschaftsstruktur erlitt keinen nennenswerten Bruch; sie blieb grundsätzlich übernational und überkonfessionell. Sie vermochte oft sogar den konfessionellen Gegensatz zwischen Standesgenossen zu überbrücken. Besonders innerhalb der oberen adligen Schichten bildete die Standeszugehörigkeit ein wichtiges Band quer durch die staatlichen, nationalen und religiösen Absonderungen hindurch.

Aus: Ernst Walter Zeeden: Das Zeitalter der Glaubenskämpfe

1555-1648. In: Gebhardt: Handbuch der deutschen Geschichte. Bd. 9. Neunte, neu bearbeitete Auflage, herausgegeben von Herbert Grundmann. München: dtv 1973, S. 19-25 (Lizenzausg. Union Verlag Stuttgart 1970)

6.2 Gerhard Ritter:

Der Freiheitskampf der Niederlande bis zur großen Spaltung von 1579

Neben Frankreich wurden seit 1567 die spanischen Niederlande zu einem zentralen Schauplatz der großen Entscheidungskämpfe, in denen es um die politische und geistige Zukunft des Abendlandes ging. Rein militärisch betrachtet waren es freilich höchst unbedeutende Ereignisse, die sich hier abspielten: Gefechte und Belagerungen zumeist kleinsten Stils und auf engem Raum. Aber politisch war der Freiheitskampf des niederländischen Volkes um so bedeutender: Er riß eine nicht allzu große, aber doch ewig weiterblutende Wunde am Körper des spanischen Weltreiches auf, und er bot, dank der zentralen Lage des Ländchens, den Gegnern Spaniens immer neue Gelegenheiten zur diplomatischen und kriegerischen Einmischung. Die Entscheidung, um die hier beinahe achtzig Jahre lang gerungen worden ist, berührte die Interessen aller Nachbarn: Englands, Frankreichs und der deutschen, besonders der westdeutschen Protestanten – im Grunde auch des Reiches, aus dessen Gesamtverband diese Provinzen noch immer nicht endgültig ausgeschieden waren.
Deutlicher als irgendwo sonst enthüllte sich hier der Doppelcharakter der Kämpfe unseres Zeitalters: Sie sind immer weltlich-politischer und religiöser Art zugleich. Was die niederländischen Stände zur Opposition gegen die spanische Herrschaft trieb, war zunächst weit mehr ständische Selbstsucht und nationaler Eigenwille als der Freiheitsdrang gequälter Gewissen. Der selbstbewußte Trotz und Geltungsdrang der burgundisch-flandrischen Adlingen und Bürgerschaften war dem Hause Habsburg von Anfang an sehr unbequem gewesen. Höchst ungern hatten sie das landfremde Ge-

schlecht nach Karls des Kühnen Tode als ihr Fürstenhaus aufgenommen und darauf bestanden, daß Maximilian seinen Sohn Philipp und seinen Enkel Karl als niederländische Prinzen erziehen ließ. Als ausgesprochen niederländisches Regiment hatte denn auch die Herrschaft Karls V. begonnen, und auch später hatte er die politischen und wirtschaftlichen Interessen dieser reichen Provinzen niemals ganz über den spanischen und italienischen vergessen. Erst sein Sohn Philipp II. galt ihnen ganz als Ausländer; die Verschlossenheit, die steife Grandezza seines Wesens verbreitete Unbehagen und Mißtrauen um sich. Seit er 1559 für immer nach Spanien übergesiedelt war, wuchs die gegenseitige Entfremdung von Jahr zu Jahr.

Auch einem Herrscher von rascherer Entschlußkraft hätte es schwerfallen müssen, so eigenwillige Provinzen aus so weiter Entfernung noch erfolgreich zu regieren. Karl V. hatte mit seiner sicheren Menschenkenntnis ungewöhnlich und tatkräftige Regentinnen an ihre Spitze gestellt: zuerst seine Tante Margarete, die schon sein Vorgänger auf diesen Posten gebracht hatte, dann seine Schwester Maria von Ungarn. Philipp setzte seine Halbschwester, Herzogin Margarete von Parma, das Bastardkind einer niederländischen Magd, eine Schülerin des Ignatius von Loyola, an ihre Stelle: in jeder Hinsicht eine unglückliche Wahl. Denn den Makel ihrer Herkunft vermochte diese Frau in keiner Weise durch Vorzüge des Geistes oder des Herzens auszugleichen. An ihrer Seite freilich stand ein begabter, sehr geschäftserfahrener Staatsmann: der jüngere Granvella, Erzbischof von Mecheln, seit 1561 Kardinal, die Seele des Staatsrates und vertrauter Diener Philipps, der durch ihn zugleich die Regentin überwachen ließ. Aber eben gegen diesen Mann und das System, das er vertrat, richtete sich der leidenschaftliche Widerwille der niederländischen Stände.

Im Grunde hatten sie ihm nichts vorzuwerfen, als was ohne Zweifel auch Philipps Wille war: den Versuch, nach den Grundsätzen des modernen Absolutismus den im Lande altherkömmlichen Partikularismus der Landschaften, die Selbstherrlichkeit und Steuerscheu der Stände einzuschränken, die Kräfte des Landes schärfer als bisher einzuspannen für den Dienst der Gesamtmonarchie –

zugleich allerdings mit der strafferen Einheit der Verwaltung auch die Einheit der Glaubensmeinungen nach spanischem Muster zu erwzingen. Schon Karl V. hatte sich bemüht, sein altburgundisches Erbe mit den neu von ihm erworbenen Provinzen (Westfriesland, Utrecht, Groningen, Geldern) zu einem politischen Ganzen zu verbinden, indem er sie 1548 zu einem besonderen »burgundischen Kreis« zusammenfaßte, der zwar zu den Reichsumlagen Beiträge zahlte, im Reichstag vertreten war und den Schutz des Reiches mitgenießen sollten, aber der Hoheit des Reichskammergerichts nicht unterstand. Soweit die Provinzen dem französischen Lehnsverband oder deutschen Reichskreisen angehört hatten, wurden sie daraus gelöst. Damit war ein Anfang zu voller Eigenstaatlichkeit des ganzen Gebietes gemacht, 1549 auch seine Zusammengehörigkeit durch ein Hausgesetz rechtlich befestigt worden. Aber tatsächlich standen die siebzehn Provinzen doch noch immer in so lockerer Verbindung nebeneinander, daß man fast von bloßer Personalunion sprechen könnte. Kaum daß sie einen gemeinsamen Namen hatten: les pays par deçà – einen bloßen Verlegenheitsnamen! Wohl gab es so etwa wie einen gemeinsamen Landtag: die »Generalstaaten« der dreizehn älteren Provinzen; aber das war nicht viel mehr als eine gemeinsame Tagung von Deputierten der einzelnen Provinzialstaaten, die über die Vorlagen der Regierung getrennt berieten. Im übrigen betrachtete man sich gegenseitig sozusagen als Ausland: Kein Holländer hätte etwa in Brabant angestellt werden können! Und die schroffen wirtschaftlichen und sozialen Gegensätze zwischen Norden und Süden, zwischen bäuerlicher und seemännischer Bevölkerung, zwischen Gewerbe und Seehandel, kleinen Leuten und Großkapital wurden noch überkreuzt vom Gegensatz der Nationalitäten und Sprachen: zwischen Flamen und Wallonen. Sollte aus diesem bunten Gewirr von zusammengeheirateten und -eroberten Besitzungen ein wirklicher Staat werden, so bedurfte es vor allen Dingen einer einheitlich durchgreifenden fürstlichen Bürokratie von Berufsbeamten. Sie war in ihren Anfängen schon von den burgundischen Herzögen geschaffen worden. Aber sie kämpfte mühsam gegen den Trotz der mächtigen Stadtbürgerschaften und gegen den Hochmut eines reichen, sehr

anspruchsvollen Adels, der die Statthalterposten der Provinzen in seiner Hand hielt, am Hofe und in dem noch immer ganz feudalen Staatsrat eine sehr glänzende Rolle spielte, dem Monarchen selbst als Ritterschaft vom Goldenen Vlies mehr kameradschaftlich als unterwürfig entgegentrat. Daß Granvella den Staatsrat mehr und mehr auszuschalten suchte, die wichtigsten Entscheidungen in einem engeren Rat der Regentin vorlegte oder am spanischen Hofe einholte, das Schwergewicht der obersten Kollegien von Fachbeamten in der Verwaltung kräftig zur Geltung brachte, hat den Unwillen des Adels zuerst gegen ihn erregt.
Er wurde noch gesteigert durch eine Neuorganisation der Kirche, die schon von Karl V. begonnen wurde, jetzt aber erst zum Abschluß kam. Der Einfluß aller landfremden Bistümer wurde ausgeschaltet, die niederländischen Diözesen verkleinert, die Ernennung der Bischöfe in die Hand des Königs gebracht, eine große Zahl von geistlichen Korporationen zur Ausstattung der Bistümer verwandt, so daß die Zahl der Prälaten auf den Landtagen sich stark verminderte. Der leitende Staatsmann, Kardinal-Erzbischof Granvella, stand als Primas an der Spitze des niederländischen Episkopats. Nach spanischem Muster wurde so eine Art Landes- und Staatskirche geschaffen, der Einfluß des einheimischen Adels auf ihren Episkopat zugunsten der Krongewalt stark vermindert. Damit hing die Verschärfung der Ketzerverfolgung, in der die früheren Bischöfe sich öfters lau gezeigt hatten, unmittelbar zusammen.
Von Anfang an waren die Niederlande auch von der reformatorischen Bewegung besonders stark ergriffen worden; Lutheraner, Zwinglianer, Sektierer aller Art und schließlich Calvinisten lösten einander mit ihrer Predigt ab. Auf niederländischem Boden hat der Protestantismus seine ersten Blutzeugen gefunden: 1523 wurden sie in Antwerpen verbrannt. Karl V. hat in der Glaubensverfolgung niemals nachgelassen. Aber seine Polizeiorgane stießen hier, im Unterschied zu den romanischen Ländern, bei der Bevölkerung aller Schichten auf scharfen passiven, vereinzelt sogar aktiven Widerstand. Von dem Radikalismus der niederländischen Täuferbewegung in den dreißiger Jahren hörten wir schon; sie sammelte ihren Anhang vorzugsweise unter dem niederen Volk. Ebendort bil-

deten sich auch seit der Jahrhundertmitte heimlich ganze calvinische Gemeinden mit eigenem Glaubensbekenntnis und synodalen Organen, unter geistiger Führung Guy de Brays, eines ehemaligen Handwerkers aus dem Hennegau. Sie sind später der eigentliche Stoßtrupp des Freiheitskampfes geworden. Einstweilen trat nur der Adel mit seinen Beschwerden öffentlich hervor. Die Aristokratie war religiös vielfach gleichgültig, rein weltlich gesinnt, aber eben deshalb fanatischer Glaubensverfolgung abgeneigt – um so mehr, je mehr sie sich der humanistischen Bildung und den Ideen des Erasmus erschlossen hatte. In der Schicht der Juristen und des akademisch gebildeten Beamtentums, überhaupt im höheren, gebildeten Bürgertum herrschten erasmische Bildung und Gesinnung durchaus vor. Schließlich fand das handeltreibende Bürgertum der großen Hafenstädte seinen Vorteil dabei, daß hier eine tolerante Handhabung der Religionsgesetze gewerbstüchtigen und kapitalkräftigen Elementen aus allen Ländern und Konfessionen Sicherheit gewähre. Als nun Karl V. 1550 neue scharfe Ketzeredikte erließ, die auch für reuige Sünder nur noch die Todesstrafe zuließen (Enthauptung der Männer, Lebendigbegraben der Frauen), und Philipp II. 1559 die Inquisition erneuerte und verschärfte, war das Murren im Lande allgemein.
Aber in dem offenen Konflikt der Stände mit der Regierung, der seit 1559 sich entwickelte, spielte das religiöse Moment zunächst nur eine Nebenrolle. Den wichtigsten Streitpunkt bildeten die Steuerlasten, die Philipp dem Lande aufzubürden versuchte, um ein Übermaß vom Vater ererbter Schulden, die der letzte Krieg mit Frankreich noch gewaltig vermehrt hatte, verzinsen und die laufenden Staatsausgaben bestreiten zu können. Die finanzielle Hilflosigkeit seiner Regierung war von Anfang an unvorstellbar groß: fast alle Domänen verkauft oder verpfändet, der Rest mit Schulden überhäuft, die Verwaltung der »Bede« in den Händen der Stände, diese selbst durch Bürgschaften für königliche Schulden bei deutschen Bankhäusern schwer belastet, die Bezahlung der Truppen, aber auch der Beamten mit vielen Millionen im Rückstand, keine Geld vorhanden zur Auszahlung der Gehälter Pensionen, ja öfters nicht einmal zehn Dukaten aufzutreiben zur Abfertigung eines Boten

oder zur Verfolgung und Verhaftung eines ketzerischen Predigers. Ohne Geldhilfe aus Spanien glaubte die Regentin die Verwaltung dieser reichen Provinzen zuweilen keinen Tag mehr fortführen zu können. Aber dort steckte Philipp ja selbst bis über den Hals in finanzieller Bedrängnis: Nur zehn bis zwölf Prozent seiner Ausgabeverpflichtungen sah er 1560 durch Einnahmen gedeckt. Alle Bitten und Vorstellungen stießen deshalb in Madrid auf taube Ohren: Eine andere Auskunft als Verschleppung der Anfragen wußte auch der König nicht.
Natürlich suchten die niederländischen Stände in dieser Notlage der Krone ihr Steuerbewilligungsrecht auszunuten, um ihre Macht zu vermehren, den unbequemen Berater der Regentin und die schlecht bezahlte, daher vielfach meuternde und plündernde spanische Soldateska aus dem Lande zu bringen. Die persönliche Eifersucht der großen Adligen und Provinzialstatthalter auf Granvella und auf die Macht der königlichen Bürokratie spielte stark mit hinein. Es bildete sich eine förmlich »Statthalterpartei« unter den Rittern des Goldenen Vlieses, geführt von Grandseigneurs, die auf ihre militärischen Verdienste, ihren Reichtum oder ihr Ansehen im Lande pochten, wie die Grafen Hoorne und Egmont, der Fürst Wilhelm von Nassau-Oranien, der weitaus fähigste politische Kopf dieser Opposition, Statthalter von Holland, Seeland und Utrecht, und sein Bruder Graf Ludwig von Nassau. Ihr Ziel war eine Art feudaler Reaktion: ein ständisches nicht mehr königliches, bürokratisches Regiment. Aber dahinter steckte doch auch von Anfang an ein Stück berechtigter nationaler Notwehr. Dieses Zwischenland Europas, mit seinen starken Handelsverbindung nach England und Frankreich und seiner hochentwickelten Ausfuhrindustrie, brauchte dringend eine längere Periode des Friedens und guter Beziehungen zu seinen Nachbarn. Statt durch sorgsame Friedenspolitik und Pflege der Wirtschaft den Wohlstand des in endlosen Kriegen verwüsteten Landes zu heben, die Autorität der Regierung dadurch zu kräftigen und mit der allgemeinen sozialen Unzufriedenheit auch eine wichtige Quelle der Ketzerei zu verstopfen, dachte Philipp an nichts anderes, als sein ungeliebtes nordisches Nebenland wiederum, ohne Rücksicht auf die ruinierten Staatsfinanzen, zum

Schauplatz von kriegerischen Unternehmungen gegen Frankreich zu machen, die er seinen südeuropäischen Kronländern nicht zuzumuten wagte. Der Ausbruch der Religionswirren in Frankreich sollte dazu die Gelegenheit bieten. Auf Kosten der Niederländer wollte er der katholischen Guisepartei zu Hilfe ziehen. Religiöser Fanatismus und spanischer Hochmut vereinigten sich, um dieses Regiment der Niederländern immer verhaßter zu machen. So hat sich der Gegensatz ständischen Freiheitstrotzes gegen das absolutistische System sehr bald mit Motiven der konfessionellen und nationalen Opposition verbunden. Aus ihr wurde im Erlebnis des großen, allen Volksschichten gemeinsamen Kampfes überhaupt erst ein gemeinsames niederländisches Nationalbewußtsein, ein Staatsvolk der Niederländer geboren. Und die Gemeinsamkeit dieses Erlebnisses war so stark, daß die anfangs sogar die völkischen Gegensätze zwischen Flamen und Wallonen überbrückte.
Granvella, den der Hochadel bekämpfte, weil er das System des Königs selber nicht offen angreifen durfte, wurde 1564 gestürzt – in langwierigen Intrigen, in denen sich die Opposition der Statthalterpartei zuletzt mit der Eifersucht der Regentin selbst verband. Philipp II. hat den Kern dieser Intrigen vollkommen durchschaut, besaß aber in seiner finanziellen Hilflosigkeit zunächst keine Mittel, ihnen zu widerstehen. So bekam die Liga des Seigneurs für einige Zeit das Steuer niederländischer Politik in die Hand. Ihr Ziel war: durch immer neuen Hinweis auf die drohende Volksstimmung Milderung der Ketzeredikte zu erreichen und vor allem die Niederlande aus allen Verwickelungen der französischen Hugenottenkämpfe herauszuhalten. Sie sollten ihren eigenen Interessen leben dürfen, möglichst unbehelligt von den Anforderungen des spanischen Gesamtreiches.
Aber diese Politik des Friedens und der Toleranz wurde nun von unten her, von dem religiösen Kampfeseifer der Neugläubigen, schwer gestört. Unter dem schlaffer gewordenen Kirchenregiment der letzten Jahre war die calvinische Bewegung unter dem niederen Volke bedrohlicher angewachsen. Was drüben in Frankreich geschah: Die bewaffnete Empörung der Hugenotten, ließ auch die niederländischen Calvinisten nicht unberührt. Auch hier begann

jetzt der niedere Adel sich ihrer Beschwerden anzunehmen. Als Philipp die Verkündung der Tridentiner Beschlüsse und im Oktober 1565, trotz aller Bitten um Toleranz, eine neue Verschärfung der Ketzeredikte befahl, stieß er nicht mehr bloß auf Murren, sondern auf organisierten Widerstand, auf eine förmliche Gegenaktion der Stände. Unter Führung des Grafen Ludwig von Naussau, Brederodes und des hochbegabten Philipp Marnix von St. Aldegonde bildete sich eine Adelsgesellschaft (noble compagnie) aus Calvinisten und erasmisch gesinnten Katholiken, die sich schützend vor die Verfolgten stellte. Es waren meist jüngere Edelleute, denen die Politik Oraniens und der Seigneurs allzu vorsichtig schien. Zunächst wollte man durch eine Massenpetition bei Hofe die Abschaffung der Inquisition, Milderung der Ketzeredikte und Berufung der Generalstaaten durchsetzen. Aus einem Spottwort, das bei der feierlichen Überreichung ihrer Petition an die Statthalterin gefallen sein soll, haben sie dann den Ehrennamen der Geusen (Bettler) gemacht. Diese Petition (April 1566) konnte natürlich nichts weiter als unbestimmte Versprechungen von der Regentin erreichen. Aber sie wurde zum Signal für einen großen, furchtbaren Volksaufruhr. Nicht als ob die Massen, die für den neuen Glauben gewonnen waren, bereits die Mehrheit im Lande gebildet hätten! Wahrscheinlich machten sie nicht einmal ein Zehntel aus. Aber es waren die Arbeitermassen der großen Städte, von Antwerpen, Brügge, Gent, Tournai, Ypern, Valenciennes darunter; Hungerjahre, Teuerung und Arbeitslosigkeit hatten hier viele Existenzen geschaffen, die nichts zu verlieren hatten; vor allem: Hier gab es starke Fäuste und kampfbereite, von ihren Predigern fanatisierte Gesellen genug. Unter diesem Volk gingen jetzt die wildesten Gerüchte um: von der Verbindung des Adels mit französischen Hugenotten und deutschen protestantischen Fürsten, von einem nahe bevorstehenden Umschwung aller Dinge. Zahlreiche Flüchtlinge strömten aus den Nachbarländern zurück, öffentlich hielt man calvinischen Gottesdienst. Und im Hochsommer 1566 brach ein wilder Bildersturm los, der bald das ganze Land in Flammen setzte. Sechs entsetzliche Wochen, in denen eine seit Jahrzehnten angesammelte Spannung sich entlud, hatten einen großen Umschwung zur Folge: Mit jähem, gewaltsamen Ruck wurde das Land auf die Bahn der offenen Revolution gedrängt.

Denn mit der vorsichtig lavierenden Vermittlungspolitik der Prinzen und Statthalter hatte es jetzt ein Ende. Das ständische Adelsregiment war in den Augen des Königs schwer kompromittiert: Immer wieder hatten diese Herren zur Mäßigung und Nachgiebigkeit in der Glaubensfrage geraten, den Lauf der Inquisition gehemmt; und als nun der Sturm losbrach, durch das offene Hervortreten des geusischen Adels entfesselt, standen sie ratlos da, ließen die Regentin im Kampf gegen die Revolution im Stich und verloren als die Halben, die Zauderer, die Satten zugleich, die Achtung und das Zutrauen des Volkes: Dessen Aufruhr wagten sie weder offen zu bekämpfen, noch offen die Führung zu übernehmen. Die Adelsliga wurde gesprengt; Katholiken und lutherisch Gesinnte rückten von den calvinischen »Kirchenräubern« ab. Oranien, nun rasch isoliert, legte alle seine Ämter nieder und ging ins Ausland. In den Niederlanden aber erschien an der Spitze einer spanischen Elitetruppe Herzog Alba (August 1567), der Ständepartei schon längst verhaßt als Vertreter einer Politik der rücksichtslosen Strenge, des hochmütigsten Absolutismus und der härtesten Glaubensverfolgung. Seine Vollmachten waren fast unbegrenzt. Die Statthalterin trat zurück. Und nun begann ein Regiment des blutigen Terrors mit dem Ziel, diesen aufsässigen, ketzerischen niederdeutschen Ständen für immer das Rückgrat zu brechen. Vielleicht hätte man die besitzenden Schichten, denen der Schrecken vor der religiösen Revolution tief in die Knochen gefahren war, jetzt für ein straffes monarchisches Regiment gewinnen können, wenn man sich damit begnügte, die wirklichen Revolutionäre zu strafen. Selbst Papst Pius V. empfahl eine Amnestie. Aber der spanische Feldherr kannte kein anderes Mittel als brutale Gewalt, keine andere Form der Untertanenschaft als stummen, blinden Gehorsam. Um Schrecken unter der höchsten Adelsschicht zu verbreiten, die fortwährend Verbindung mit ausländischen Potentaten unterhielt, wurden auch Hoorne und Egmont öffentlich enthauptet, obwohl diese niemals ketzerische Neigungen gezeigt hatten. Die beiden Männer erhielten so eine Gloriole als Märtyrer der Freiheit, der ihre wirkliche politische

Leistung keineswegs entsprach. Vor allem aber wütete der Eiserne Herzog gegen alle Ketzer und der Ketzerei Verdächtigen. Durch Brand, Galgen und Schwert wurden sie in Massen (nach neuerer Schätzung etwa sechs- bis achttausend) umgebracht. Wer irgend konnte, floh über die Grenze, darunter viele Angehörige der reichen Kaufmannschaft und des blühenden niederländischen Tuchgewerbes, deren Kapital und geschäftliches Können nun den Nachbarländern, insbesondere auch den deutschen Rheinlanden, zugute kam. (...)

Aus: Gerhard Ritter: Die Neugestaltung Deutschlands und Europas im 16. Jahrhundert. In: Deutsche Geschichte. Ereignisse und Probleme. Hrsg. von Walther Hubatsch Frakfurt/M.-Berlin: Ullstein 1967. S. 307-314. Lizenzausgabe des Propyläen-Verlags Berlin (1950).

7. Neuere Literaturwissenschaft zu Goethes 'Egmont'

7.1 Hermann August Korff

Goethes „*Egmont*" ist seinem Stoffe nach eine Fortführung des „Don Carlos". Das Vorpostengefecht Posas am spanischen Thron ist verloren. Herzog Alba marschiert, und in Brüssel kommt es ... zur abermaligen Niederlage der Freiheitsidee: ihr mutiger, aber allzu sorgloser Bannerträger, Graf Egmont, wird allen Niederländern zum warnenden Beispiel hingerichtet. Der Despotismus triumphiert; aber wie das Traumbild Egmonts im Gefängnis weissagt, sein Triumph wird der Beginn seiner schließlichen Niederlage sein. Denn mit Wiederholung des schon zitierten Wortes von Leisewitz: „Despotismus ist der Vater der Freiheit!", und auf die spanische Unterdrückung folgt der Freiheitskrieg der Niederlande. Freilich zeigt davon das Drama nicht mehr als in Gestalt einer opernhaften Allegorie, die angesichts des furchtsamen Verhaltens der Bürger nicht einmal sonderlich überzeugend wirkt. Äußerlich endet auch Egmont mit demselben trostlosen Untergang der Freiheit und des Freiheitshelden, in welchen auch Don Carlos ausläuft. Aber inner-

lich erweist darin die Idee der Freiheit aufs neue ihr unverbrüchliches Menschenrecht. – Dennoch hat Goethes Freiheitsdrama einen ganz anderen Charakter als dasjenige Schillers. Die Freiheitsidee erscheint darin in einem ganz anderen Lichte, und schon darum, weil sie nicht als Ideal einem bestehenden Zustande der Knechtschaft entgegengesetzt, sondern als eine schon bestehende Wirklichkeit gegen die drohende Gefahr ihrer Unterdrückung verteidigt wird. Sie befindet sich in der Verteidigung, nicht im Angriff, hat einen konservativen, keinen fortschrittlichen Charakter. So fällt auch Egmont keineswegs als Fahnenträger eines neuen Ideals, sondern in stolzer Selbstbehauptung eines alten Rechtes. Und er stützt das Recht auf Freiheit nicht gleich Posa auf eine idealistische Humanitätsphilosophie, sondern auf sehr reale historische Privilegien: nicht auf die Freiheit als eine Menschheitsidee, sondern auf jene niederländischen „Freiheiten", die die natürliche Verfassung des Landes bilden. Dabei bekommt aber die Freiheitsidee überhaupt einen ganz anderen Sinn als überall bisher, und mit dem Goetheschen Egmont sind wir nunmehr an den Punkt gekommen, wo die verschiedenen Ideologien, Aufklärung und Sturm-und-Drang, höchst eigentümlich ineinander spielen.
Was die Niederländer als ihre „Freiheiten und Privilegien" verteidigen, das läßt sich im Sinne der politischen Aufklärung als ihre „Verfassung" bezeichnen, ihre Verfassung, nach welcher auch der Herrscher nur bestimmt umgrenzte Befugnisse besitzt. Nach langem Kampfe ist es zwischen Volk und Fürsten zu einem „Gesellschaftsvertrag" gekommen, den der Aufwiegler Vansen in dem Satz zusammenfaßt: „Das Volk hat nicht nur dem Könige geschworen, sondern auch der König dem Volke!" Und wenn diese alte Verfassung durch den spanischen Absolutismus nunmehr zur Seite geschoben werden soll, so geschieht das mit derselben Begründung, die auch den Despotismus im „Don Carlos" unterbaut. Auch in Goethes Drama gibt es ja eine „Audienzszene", die zu der großen Audienz Posas eine interessante Parallele bildet. Und wie Philipp und Posa, so stoßen auch die verschiedenen Lebensanschauungen Albas und Egmonts in einer Auseinandersetzung über die Idee der Freiheit zusammen. „Freiheit! Ein schönes Wort (sagt Alba),

wer's recht verstünde. Was ist des Freiesten Freiheit? Recht zu tun! ... Und daran wird der König sie nicht hindern." Aber wenn wir hier aus Albas Munde scheinbar die Idee der Aufklärung zu hören bekommen, so hören wir gleich darauf dieselbe hochmütige Ideologie des Autoritätssystems, die schon Posa entgegengetreten ist: das „Volk" hat nicht die Fähigkeit zur Selbstbeherrschung! „Glaube nur (sagt Alba), ein Volk wird nicht alt, nicht klug, ein Volk bleibt immer kindisch. Weit besser ist's darum, sie einzuengen, daß man sie wie Kinder halten, wie Kinder zu ihrem Besten leiten kann." Aber Egmont antwortet nicht wie Posa mit dem idealistischen Bekenntnis seines Menschheitsglaubens: „Der Mensch ist mehr als Sie von ihm gehalten!", sondern bloß mit dem skeptischen Hinweise auf die andere Erfahrung der Geschichte: „Wie selten kommt auch ein König zu Verstand!" und mit der ironischen Gegenfrage, das Recht, klug zu werden, sei wohl denen vorbehalten geblieben, die den Vorzug hätten, in der Nähe des Thrones alt zu werden? Er will sagen: Das Volk ist weder allgemein so dumm, noch der König allgemein so klug, um a priori eine so ungleiche Rollenverteilung zu rechtfertigen. Dies klingt zwar weit weniger enthusiastisch als in den Freiheitsreden Posas, trifft aber in der Ablehnung des Bevormundungssystems mit diesem durchaus zusammen. – Und doch hat auch die Freiheitsidee im Munde Egmonts einen ganz und gar anderen Klang als im Munde des Marquis. Denn wenn Posa unter Freiheit das abstrakte Recht versteht, im höheren Sinne Mensch, d. h. moralisches Vernunftwesen zu sein und nach eigenem Gewissen zu leben, so versteht Egmont darunter das konkrete Recht, im eigentümlichsten Sinne Mensch, d. h. eine Individualität zu sein und nach den Gesetzen seiner Eigenart leben zu dürfen. Hier verliert die zuerst diskutierte Frage nach der größeren oder geringeren „Klugheit" des Volkes, bzw. der Regierenden, überhaupt ihren Sinn, und es tritt dafür ein Gesichtspunkt in den Vordergrund, der in Posas Humanitätsphilosophie keine entscheidende Rolle spielt. Schillers Freiheitshelden vertreten eben durchweg nur die Idee der politischen Aufklärung; aus den Reden Egmonts aber tönen uns jetzt zum ersten Male die spezifischen Ideen von Sturm-und-Drang entgegen. Auf diese Weise kommt das paradoxe Schauspiel zustande, daß Alba gegen Egmont scheinbar die Idee des politischen Fortschritts, der Freiheitsheld aber die Sache des Herkommens vertritt. In Wahrheit liegt gerade in der Respektierung des Herkommens gegenüber dem Ideal einer politischen Uniformierung nach Vernunftgesetzen der geistesgeschichtliche Fortschritt über die Aufklärung hinaus; und umgekehrt ist es ja nur Maske, hinter der sich der Imperialismus des spanischen Despotismus versteckt, wenn sich Alba hier als Hersteller einer „vernünftigen" Ordnung aufspielt. – Zwischen Alba und Egmont handelt es sich um die Frage, ob sich die Menschen selber regieren können. Diese Frage ist im vorliegenden Falle für Alba negativ entschieden. Sie können sich nicht regieren; denn – das Land ist im Aufruhr, und es gilt die Wiederherstellung geordneter Zustände, die durch die bisherige freie Verfassung offenbar nicht verbürgt sind. In diesem Ziele sind sich Egmont und Alba einig; nicht aber über den Weg zu diesem Ziel. Alba plant eine Hispanisierung der niederländischen Verfassung (im Doppelsinne des Wortes!) Und Egmonts ganze Argumentation beruht auf dem einen Gedanken, daß sich Menschen von bestimmter Eigenart nicht mit beliebigen, sondern nur mit solchen Gesetzen regieren lassen, die ihrer Eigenart entsprechen. Eine Herde Schafe könne man wohl beliebig vor sich hertreiben; einem edelen Pferd aber, das man reiten wolle, müsse man seine Gedanken ablernen und nichts Unkluges, nichts unklug von ihm verlangen. Darum könne ein Volk nicht von Landfremden, sondern nur von seinen Landsleuten regiert werden, die den gleichen Begriff mit ihm von Recht und Unrecht haben. Und die niederländische Freiheit besteht deshalb nach Egmonts Auffassung in dem Rechte der Niederländer, sich selbst zu regieren durch das Recht, immer nur „organisch" regiert zu werden. Als deshalb Alba dies als des Königs auf „tiefer" wohlwollender Überlegung beruhende Absicht verkündet, das Volk zu seinem eigenen Besten einzuschränken, sein eigen Heil, wo's sein müsse, ihm aufzudringen und die schädlichen Bürger aufzuopfern, damit die übrigen Ruhe finden können ... erwidert Egmont mit innerster Empörung: „So hat er denn beschlossen, was kein Fürst beschließen sollte. Die Kraft eines Volks, ihr Gemüt, den Begriff, den sie von sich selbst haben, will er schwächen, niederdrücken, zerstören, um sie bequem regieren zu können. Er will den innern Kern ihrer Eigenheit verderben, gewiß in der Absicht, sie glücklicher zu machen. Er will sie vernichten, damit sie etwas werden, ein ander Etwas. O wenn seine Absicht gut ist, so wird sie mißgeleitet!" – Hier sehen wir deutlich: Hinter der Freiheitsidee Egmonts steht eine ganz andere Ideologie als hinter derjenigen Posas. Vertritt der letztere das Recht und die Macht der Vernunft, so Egmont das Recht und die Macht der Natur. Im Gegensatze zu dem abstrakten Vernunftgesetz plädiert er für das *organische Naturgesetz,* das aus dem Herkommen entsteht und im Herkommen wurzelt. Darum kann es aber nun geschehen, daß Alba, der ein realpolitisches Interesse daran hat, dieses Herkommen zu zerstören, dem konservativen Freiheitshelden gegenüber in der Rolle des politischen Fortschrittlers polieren und ihm auf sein Lob des Herkommens erwidern kann: „Und sollte der Regent nicht Macht haben, dieses alte Herkommen zu verändern, und sollte nicht eben dies sein schönstes Vorrecht sein? Was ist bleibend auf dieser Welt? Und sollte eine Staatseinrichtung bleiben können? Muß nicht in einer Zeitfolge jedes Verhältnis sich verändern und eben darum eine alte Verfassung die Ursache von tausend Übeln werden, weil sie den gegenwärtigen Zustand des Volkes nicht umfaßt? Ich fürchte, diese alten Rechte sind darum so angenehm, weil sie Schlupfwinkel bilden, in welchen der Kluge, der Mächtige, zum Schaden des Volks, zum Schaden des Ganzen, sich verbergen oder durchschleichen kann!" – Allein dieses eigentümliche Schauspiel, daß der Freiheitsheld in der Rolle des politischen Reaktionärs erscheint, hat einen tiefen geistesgeschichtlichen Sinn. Es ist die Reaktion gegen die Alleinherrschaft der politischen Aufklärungsidee, der Protest der organisch Gewachsenen gegen die abstrakte politische Vernunft, die Staatsräson.

Und es kommt darin, wenn auch noch ohne besonderen Akzent, der Gedanke zum Ausdruck, dem wir zwar in der Sturm-und-Drang-Zeit nur erst in Mösers politischen Schriften begegnen, den wir aber als Leitstern jener ideengeschichtlichen Entwicklung erkennen müssen, in der sich die politische Freiheitsidee der Aufklärung in die politische Freiheitsidee der Romantik verwandelt: Politische

Freiheit ist nicht Herrschaft abstrakter Gesellschaftstheorie, sondern Herrschaft des lebendigen Volksgeistes, der sich in der organischen Entwicklung der staatlichen und rechtlichen Verfassung manifestiert. Dieser Gedanke ist wirksam bereits im „Götz von Berlichingen", wo gegen die Vergewaltigung des deutschen Rechtsempfindens durch die anorganische Einführung des abstrakten römischen Rechts protestiert wird. Aber er tritt in der Dichtung vorläufig noch hinter dem Vernunftidealismus der Jugenddramen Schillers zurück und gewinnt wirkliche Kraft erst nach der Katastrophe des gesellschaftlichen Vernunftidealismus in der Französischen Revolution und durch seine metaphysische Begründung in der romantischen Philosophie. Der „Egmont" bezeichnet eine Stufe dieser Entwicklung. – Allerdings ist Goethes „Egmont" trotz seines politischen Stoffes einigermaßen davon entfernt, wie Schillers Jugendstücke, ein politisches Drama zu sein. Die von dem Helden vertretenen politischen Ideen stehen weit weniger als die Ideen Posas im ideellen Mittelpunkte des Geschehens. Sie werden bei wegelang entwickelt, bilden im stillen wohl die politische Ideologie des Stückes, aber treten vergleichsweise zurück hinter dem in der Gestalt Egmonts verkörperten, rein menschlichen Geschehen, das zwar unter derselben Idee wie das politische Geschehen steht, nämlich unter jener konservativen Freiheitsidee, die unter Ablehnung alles Vernünftelns nur auf dem Rechte zur Bewahrung individueller Eigenart besteht, aber von dieser Idee einen eigentlich programmatischen Gebrauch nicht macht.

Hermann August Korff: Geist der Goethezeit. Versuch einer ideellen Entwicklung der klassisch-romantischen Literaturgeschichte. I. Teil. Sturm und Drang. Leipzig: Koehler u. Amelang ^{2}1954, S. 215-219.

7.2 Benno von Wiese

Was ist an Egmonts Charakter und Schicksal dämonisch? Dämonisch ist hier zunächst einmal das unbeirrbare Vertauen der Einzelseele zu sich selber. In ungemessener Lebenslust und Schicksalsfülle, die sich mit der Gabe verbindet, alle Menschen an sich zu ziehen und einen unbewußten Zauber auf seine Umwelt auszuströmen, genießt Egmont sein Dasein. Diesem unberechenbar Dämonischen, das mit seinem innersten Wesen eines ist, verdankt es Egmont, daß er „die Gunst des Volkes, die stille Neigung einer Fürstin, die ausgesprochene eines Naturkindes, die Teilnahme eines Staatsklugen, ja selbst den Sohne seines größten Widersachers für sich gewinnt". Aber alle seine persönlichen Vorzüge, Liebenswürdigkeit und ritterliche Tapferkeit, Daseinsnähe und Aufgeschlossenheit, können Egmont vor dem Gegenspiel berechnender Staatsklugheit nicht schützen. Den für die unpersönliche Macht eines Alba ist das Individuum nicht mehr vorhanden und daher auch jeder von ihm ausströmende Zauber ausgelöscht. Doch auch diese Egmont entgegentretende Sphäre einer geschichtlichen Staatsraison ist für Goethe noch dämonisch, so daß „das Dämonische von beiden Seiten im Spiel ist, in welchem Konflikt das Liebenswürdige untergeht und das Gehaßte triumphiert". Wenn hier Dämonie gegen Dämonie steht, so sind es zweifellos zwei völlig verschiedene Formen, die den tragischen Konflikt, an dem Egmont untergeht, hervorrufen: die *Dämonie der Seele*, für die das Politische nur soweit existiert, als es sich vom Seelischen durchdringen läßt, also als organisch Volkhaftes, unbewußt Instinktives, passiv Mütterliches; als Gegenkraft aber wirkt die *Dämonie des unpersönlich gewordenen politischen Machtwillens*, die nur die starren Formen der Macht und die vernünftigen politischen Zielsetzungen kennt, ohne für die dämonische Erschütterung der Seele noch Raum zu lassen. Die unpolitische Dämonie der Einzelseele und auch noch der Volkheit, die den „inneren Kern ihrer Eigenheit" gegen fremde, von außen herangetragene Machtansprüche bewahren will, und die politische Dämonie des spanischen Despotismus, der die vernünftige Ordnung nur als Maske eines abstrakt gewordenen Machtwillens benutzt, müssen sich gegenseitig ausschließen und zur tragischen Vernichtung der Seele in einer von Macht und Vernunft beherrschten Welt führen. Auch hier wieder zeigt sich das Widersprechende des Dämonischen, das sich in zwei extreme Möglichkeiten spaltet, in eine Existenz nur von der Seele her und in eine Existenz ganz ohne Seele. Der Kern der Egmonttragödie liegt in dem unauflösbaren Widerspruch zwischen dem Seelendämon, der, vom Unbewußten geleitet, auf das eigene, dem Leben geöffnete Wesen vertraut, und dem auf ganz anderen Voraussetzungen aufgebauten, abstrakt politischen, aber gleichfalls vom Dämonischen durchwalteten Gegenspiel, dem er erliegt.

Was ist an Egmonts Untergang tragisch? Wiederholt ist ihm jede Tragik abgesprochen worden, weil Goethes warmherzige Anteilnahme an seinem Helden „unpolitisch" sei, und bereits Schiller hat kritisch hervorgehoben, der Goethesche Egmont sei zu privat, zu sehr mit sich selbst beschäftigt und daher der historische Egmont im Grunde tragischer. Aber ein solches Urteil verkennt das Besondere der Goetheschen Tragik, die nicht, wie die Schillers, aus dem freien Opfer des Ichs für überpersönliche, ideelle Ziele entspringt, sondern das Ich selber als tragisch begreift, weil seine reiche, in Lebenslust und Schicksalsfülle gelebte Individualität an eine Grenze stoßen muß, wo sie zerstört wird. Goethe will seinem Egmont nicht erst durch die Geschichte tragische Würde verleihen, und wo er es doch tut, wie in dem allegorischen Traumschluß mit der Geliebten, die als Freiheitsgöttin erscheint, da sprengt er die Einheit seiner Tragödie, die durchaus und nur Lebenseinheit des dämonisch verstandenen Helden ist.

Das Egmontdrama ist nicht darum tragisch, weil hier ein Privatmann das unschuldige Opfer politischer Machtverhältnisse wird und dann nachträglich seinem Tod ein stellvertretender Sinn für den Befreiungskampf der Niederlande unterschoben wird. Sondern tragisch ist, daß es gerade der von Goethe so durchaus bejahte Reichtum einer dämonischen Individualität mit ihrer Heiterkeit und Seelenfülle ist, der sie in den Untergang heineinreißt; tragisch also ist, daß die gleichen beglückenden und begnadenden Lebens- und Schicksalsmächte, die Egmont zu einem so liebenswerten und einmaligen Wesen machen, ihn auch wieder gnadenlos in einen Abgrund hineinstoßen, wo er seine dämonische Seelenfreiheit zu verlieren scheint und sich der nackten Lebensbedrohung ausgeliefert sieht. Denn nur weil Egmont so unmittelbar, so ursprünglich, so daseinsnah ist, verliert er das Maß für die Gefahren, die sich nicht

vom lebendigen Gefühl, sondern nur vom Willen und vom Verstand her durchschauen und meistern lassen. Darin liegt die Selbstzerstörung des Dämonischen und die Vernichtung eines in der Individualität wirkenden Wertes, daß die Lebensnähe in Lebensferne, die Fülle in Schwäche, die Tapferkeit in Blindheit umschlägt, wenn die dämonische Unbeirrbarkeit des Ichs durch das Uniforme und Unpersönliche einer zum Automaten gewordenen Macht in Frage gestellt wird. Egmont vermag die im Politischen verwirklichten, überindividuellen Kräfteverhältnisse, die sich, wie bei Oranien und Alba, mit Willen und Verstand durchschauen und meistern lassen, nicht aber von der Seele durchlebt werden können, nicht mehr zu überschauen und wird zum Opfer einer tragischen Blindheit, die aus einem Zuviel an Lebensnähe entsteht. Denn unser menschlich-irdisches Dasein wächst nicht nur aus der Seele und ihrer Eigentümlichkeit, wie es Egmont und das ihm gefühlshaft verbundene niederländische Volk wünscht, sondern ist auch in das Widersprechende einer politisch-geschichtlichen Lage heineigestellt, die das nur von der Seele gelebte Leben gerade dort vernichtet, wo es am ursprünglichsten und unbeirrbarsten sich selbst zu besitzen schien.
Besonders deutlich wird die tragische Blindheit der dämonisch von sich selbst besessenen Individualität in der Abschiedsunterredung zwischen Oranien und Egmont. Oranien ist der Erkennende, der die politischen Kräfteverhältnisse wie ein Schachspiel abwägt und „keinen Zug des Gegners für unbedeutend" hält. Er denkt dabei durchaus überpersönlich und gelangt zu seinem Entschluß, der drohenden Gefahr auszuweichen, nicht aus Unsicherheit oder Angst, sondern aus politischer Vernunft, die in einer kritischen Lage den noch möglichen Weg sucht. Der Versuch, Egmont zu einer solchen Einsicht hinüberzuziehen, ist vergeblich. Oraniens Gründe, ja auch noch sein persönliches, freundschaftliches Werben, bleiben ungehört. Denn Egmont ist von Oraniens Auffassung des Lebens als politisches Schachspiel und überpersönlicher Aufgabe weit entfernt. Er will mit *seinen* Augen sehen, das heißt, er will seine vertrauende Unbeirrbarkeit, seinen Glauben an das Leben, an den König und an die Gegenwart nicht preisgeben. Er ist so durchaus

von sich erfüllt, auf vornehme Weise sorglos und unbekümmert, seinem Mut und seinem Glück vertrauend, daß er die politische Sorge, die aus Oranien spricht, von sich weist. Sie ist ein fremder Tropfen in seinem Blute. Aber die Hingabe an den Augenblick, das dämonisch Nachtwandlerische, dieses Zutrauen zu sich selbst und seinem Stern, die Fähigkeit, alles Bedrückende, Einengende, Besorgniserregende von Natur aus auszulöschen und zu vergessen; alle diese Züge, die Egmont so menschlich und lebensvoll erscheinen lassen, werden in der geschichtlichen Lage, in die er hineingestellt ist, zu tragischem Wahn und zur Bedingung einer unabwendbaren, durch nichts aufzuhaltenden Vernichtung.
Dennoch bedeutet dieser tragische Untergang Egmonts keineswegs eine Parteinahme Goethes für die politische Macht und gegen die menschliche Seele. Goethe schildert die politische Welt des spanischen Despotismus mit der Wirklichkeitsnähe des großen Realisten. In einem Brief an Karl August hebt er ausdrücklich hervor: „Ich möchte nun nichts mehr schreiben, was nicht Menschen, die ein großes und bewegtes Leben geführt haben, nicht auch lesen dürfen und möchten". Aber Goethe schildert diese politische Welt ohne politische Leidenschaft mit einer kühlen, zuschauenden Reserve, in der immer etwas von seinem „Mißvergnügen an der Geschichte" mitschwingt. Er zeigt das Politische, so wie es ist, in klarer Abschätzung real vorhandener Kräfteverhältnisse, die eine geschichtliche Situation bestimmen. Aber inmitten dieser politischen, nirgends ideologisch verklärten Welt wirkt das Dämonische der Seele als ein unbegreifliches, dunkler Naturgeheimnis des Daseins. Egmonts Unbewußtes, sein Glaube, seine Zuversicht und seine, wenn auch tragisch widerlegte Sieghaftigkeit stammen aus dem dunklen Untergrund seines Lebens. Das Dämonische ist hier Glück und Bedrohung zugleich, ein dumpf empfundenes, unsichtbares Schicksal, über das uns keine Macht gegeben ist, es sei denn „vom Steine hier, vom Sturze da, die Räder abzulenken". Gewiß, diese Seelendämonie ist im politischen Sinne unheldisch, aber Goethe bekennt sich auch wieder zu Egmonts dämonischer Existenz, der eine so grenzenlose Gewalt über sich und seine Mitmenschen geschenkt ist, eine „Attrativa", die ihn als Sieger durchs

Leben schreiten läßt und in der so manche eigene Züge des jungen Goethe wiederkehren. In die klar gezeichneten, realistischen Strukturen des politischen Daseins dringt das Alogische und Unbewußte eines von der Seele her gelebten Lebens ein. Noch jenseits aller politisch zweckhaften Ordnung und Zielsetzung besteht das Leben der Seele zu recht, die ohne nach dem Woher und dem Wohin zu fragen, das Dasein trotz aller seiner Fragwürdigkeit zu Ende leben will und der auch noch der Tod zu einer dämonischen Pforte werden kann, durch die der Mensch in den Urgrund alles Daseins zurückkehren kann. Auch der untergehende, gefangene Egmont, der sich selbst verloren zu haben scheint, vereinigt sich wieder mit der Unbeirrbarkeit des dämonischen Seelengrundes und überwindet das Tragische durch ein Schicksalsgefühl, das sich mutig und gefaßt den unsichtbaren Geistern anvertraut, die den leichten Wagen unsres Schicksals vorwärtspeitschen, wohin es auch immer gehe. Dämonie der Seele und Schicksalsbewußtsein hängen aufs engste miteinander zusammen, und das Tragische im „Egmont" zeigt die dämonische Gefährdung der Seele im Schicksal, aber auch die Verwandlung des Schicksals durch die Seele. In der tragischen Bedrohung der Individualität, die sich dem Unerforschlichen und Unberechenbaren ausgesetzt sieht, erwächst ihr im amor fati eine neue Seelenkraft, die auch noch das Tragische bei sich selber überwindet und den Wert der Individualität auch dort noch verklärt, wo das Ich in der Geschichte untergehen muß.

So bekundet sich das Geheimnis des Dämonischen noch im Hinübergeholtwerden zum Tode, wo wir, wie Egmont sagt, „eingehüllt in gefälligen Wahnsinn ... versinken und aufhören zu sein". Aber Goethe möchte das tragische Schicksal der Seele noch mit den politischen Ordnungen versöhnen. Aus dem „Triumph des Gehaßten" soll „die Aussicht" entspringen, „das hieraus ein Drittes hervorgehe, das dem Wunsch aller Menschen entsprechen werde". Denn für Goethe bedeutet die dämonische Seelenfreiheit auch für die politische Welt einen unersetzbaren Wert. Die außerseelischen, geistigen und politischen Ordnungen können den individuellen und darüber hinaus volkhaften Seelengrund, wie er in Egmont und den Niederländern, wenn auch wirkungslos, zum Durchbruch gelangt, nicht entbehren, wenn sie nicht im Uniformen und Überpersönlichen erstarren und leblos werden sollen. Das unterscheidet Oranien von Alba, daß seine politische Vernunft nicht nur die Staatsraison kennt, sondern nicht weniger die Freiheiten und Rechte des Volkes, die auch für den politischen Machtkampf von entscheidender Bedeutung sind. So soll auch Egmonts unpolitischer Tod noch einen stellvertretenden Sinn für die politische Freiheit der Zukunft gewinnen. Goethe versucht durch den allegorischen Traumschluß die Antinomie des Tragischen wieder aufzulösen und die naturhafte Seelendämonie mit den geschichtlich wirkenden Mächten zu versöhnen. Aber dieser Ausgang behält etwas Traum- und Opernhaftes. Die Versöhnung kann nicht darüber hinwegtäuschen, daß das Drama selber *den ausweglosen Konflikt zwischen Seele und Macht* gedichtet hat. Die Macht vernichtet die Seele, wo ihr diese mit dem Anspruch entgegentritt, nur ihr eigenes, eingeborenes Gesetz zu verwirklichen. Aber auch die als dämonische Natur verstandene Seele ist innerhalb der durch sachliche Vernunft und autoritären Willen bedingten Ordnung der Menschenwelt durch nichts zu ersetzen, weil nur sie allein alles Rationale und Zweckhafte vom schöpferisch Unbewußten her durchglüht und weil nur sie die politisch-geschichtliche Welt und ihre staatlichen Formen mit dem mütterlichen Urgrund des Volkstums und seiner gewachsenen Eigenart eines noch naturhaft verstandenen Lebens wieder vereinigt.

Aus: Benno von Wiese: Die Deutsche Tragödie von Lessing bis Hebbel. Band I. Hamburg: Hoffmann und Campe 1948. S. 113-118

7.3 Paul Böckmann

Im „Egmont" ist dann diese Subjektivierung des Gesprächs zum bestimmenden Kompositionsprinzip geworden, so daß sich die dramatisch-tragischen Verwicklungen nur noch aus dem Mit- und Gegeneinander der im Menschen lautwerdenden Stimmen erge-

ben. Die individuellen Redehorizonte kommen zur vollen Entfaltung. Die Figuren können ihr Eigenleben und ihre Farbigkeit in dem Maße bezeugen, wie sie die Freiheit des Wortes beanspruchen oder verlieren. Egmont ist nicht einfach von einem „leichtsinnigen Selbstvertrauen erfüllt", wie Schiller meinte, sondern gewinnt einen eigenen Glanz durch die Unbekümmerheit des Wortes und die Bereitschaft zum Gespräch; er kann nur solange leben, wie er die Möglichkeit zur freien Äußerung behält, und wird trotz seines Untergangs zum Überwinder des dem Wort mißtrauenden Alba, wenn sein Gespräch den Sohn des Gegners noch im Untergang an sich zieht. In dem Mut zum Gespräch behauptet sich die Freiheit, die der Befehl aufheben möchte. So gelingt im „Egmont" eine Dialogführung, wie es sie bis dahin im deutschen Drama nicht gab; im Miteinandersprechen der Figuren erschließt sich die begründende Bedeutung des Wortes für eine volle Menschlichkeit, die immer nur in individuellen Brechungen und konkreten Situationen faßlich wird; die dramatische Komposition ergibt sich aus der Folge der Dialogstücke. Das Drama rückt in die Nähe der Musik. So ist es kein Zufall, daß Beethoven sich durch diese Dichtung angeregt sah. Die Musik erhält Bedeutung, nicht weil hier ein literarischer Text nach Vertonung verlangte, sondern weil das Baugesetz dieses Dramas von sich aus musikalisch bestimmt ist und im Mit- und Gegeneinander der Stimmen eine Bewegung entsteht, die sich steigert und spannt, bis sie ein in sich gefügtes Ganzes bildet.
Fragen wir, wie in diesem Drama das Verhältnis zum Wort für jede Szene kennzeichnend ist und alle politischen Gegensätze und individuellen Situationen mitbestimmt. Der Dialog dreht sich viel weniger um sachliche Inhalte, Gedanken oder Ideen als um die Art, wie diese Inhalte im Wort ergriffen oder verborgen werden. Die Figuren geben sich durch ihre Sprache in ihrem Wesen zu erkennen oder besser noch durch die Art, wie sie das Wort achten und es im Gespräch erproben. Denn die Sprache ist hier nicht nur mimische Gebärde und Charakterausdruck, sondern der geistige Raum, in dem der Mensch sich frei bewegt oder ängstlich verstummt; Reden und Schweigen spiegeln die politische oder religiöse Situation nicht nur des Einzelnen, sondern eines ganzen Volkes; die dramati-

schen Wirkungen sind am sprachlichen Verhalten ablesbar. Der Dialog nimmt deshalb mehrfach auf die Gesprächssituationen ausdrücklich Bezug und gibt durch Briefe, Berichte, Unterhaltungen Anlaß zu Gesprächen. Dabei bleibt die Sprache ständig in Beziehung zu konkreten Vorfällen, bestimmten Lebenskreisen und menschlichen Erfahrungen. In den Volksszenen wird anders gesprochen als in den Liebesszenen und in diesen wieder anders als in den Staatsszenen. Aber immer geht es dabei um das Recht der sprachlichen Äußerung selbst.

Man kann sich das an vielen Einzelzügen deutlich machen. In der ersten Szene auf der Vogelwiese beim Armbrustschießen taucht rasch genug das Grundmotiv des Stoffes auf, der Kampf der Niederländer gegen die Fremdherrschaft der Spanier. Aber dieser politische Konflikt stellt sich konkret dar als der von Redefreiheit und Gewissenszwang. Schon die erste Szene gewinnt dadurch ihre Lebendigkeit, wenn es heißt: „Da sollen wir nun die neuen Psalmen nicht singen ... Es seien Ketzereien drin, sagen sie ... Die Inquisitionsdiener schleichen herum und passen auf ... Der Gewissenszwang fehlte noch. Da ich nicht tun darf, was ich möchte, können sie mich doch denken und singen lassen, was ich will ... Ich bleibe bei einem Haufen Volks stehen, das einem neuen Prediger zuhört ... Auf der Stelle heiß ich Rebell und komme in Gefahr, meinen Kopf zu verlieren ... Neulich hört ich einen ... Der sprach von der Leber weg ... Und was ists denn nun? Man kann ja einen jeden predigen lassen nach seiner Weise." Die Freiheit des Wortes als Freiheit des Singens, des Predigens, des Lehrens erscheint als das bestimmende Element des menschlichen Daseins, das sich durch Zwang und Furcht in Frage gestellt sieht.

In der zweiten Szene, in dem Gespräch der Regentin mit Macchiavell, wiederholt sich das gleiche Motiv in einer veränderten Tonlage. Sie fordert ihren Sekretär auf, sich über die Situation zu äußern: „Sagt mir Eure Gedanken!" Er entschuldigt sich und weicht zurück: „Meine Gedanken sehen Grillen so ähnlich." Aber dann spricht er doch sehr direkt davon, daß sich neue Lehren nicht unterdrücken lassen, daß man sie gelten lassen muß, weil sie doch ins Wort drängen: „Was hilft es, auf seinen Gedanken beharren, wenn sich um uns alles ändert." Aber Margarethe antwortet: „Solch ein Wort nie wieder ... Sollen wir gleichgültig gegen unsre bewährte Lehre sein?" Sie erinnert daran, daß ihr königlicher Bruder „selbst die Frage verwarf, ob man die neue Lehre dulden könne." Hier werden nicht Gedanken als solche erörtert, da die Frage, ob und wie über sie gesprochen werden kann, das menschliche Verhalten viel tiefer berührt. Erst dadurch wird die Gesprächssituation als solche bewußt und die Zweideutigkeit in der Verfügung über das Wort zum dramatischen Impuls. Die Regentin kennzeichnet denn auch Egmont und Oranien vor allem im Hinblick auf ihr verschiedenes Verhältnis zum Wort: Oranien „ist heimlich, scheint alles anzunehmen, widerspricht nie, und in tiefster Ehrfurcht tut er, was ihm beliebt." Egmont dagegen bleibt bei seinem alten Namen und spricht alles offen aus: „Warum nennt er sich nicht Prinz von Gaure, wie es ihm zukommt? ... Will er erloschne rechte wieder geltend machen?" Wie oft setzt er durch seine Scherzreden die Gemüter des Volks in Bewegung." Reden und Schweigen geben dem Dialog ein besonderes Gepräge, weil über beides selbst wieder gesprochen wird und er dadurch in seiner den Menschen bestimmenden Bedeutung zum Gehalt der Dichtung wird.

Noch anders ist die Tonlage der dritten Szene im Haus Klärchens, in deren Gespräch mit Brackenburg und der Mutter. Die Mutter fordert die jungen Leute auf: „Singt doch eins ... sonst wart ihr lustig." Aber dem Brackenburg ist das Singen vergangen, ihm „bleibt die Stimme stocken", „Tränen kommen ihm in die Augen", weil er hoffnungslos liebt, seitdem Egmont sein Nebenbuhler wurde. Und Klärchen schiebt alle Vorwürfe der Mutter beiseite, daß sie nicht an die Zukunft denke und darüber ins Gerede komme: „Rieft Ihr mich ab, wenn ich hinter den Scheiben stand und ihn erwartete? ... So redetet Ihr sonst nicht ... Das Volk, was das denkt, die Nachbarinnen, was die murmeln ..." Wieder reflektiert der Dialog auf das Reden und Schweigen, aber nun im Hinblick auf die persönlichen Lebensbeziehungen; er verweist auf das Wechselverhälmis von Sprache und Gefühl, wenn das Schweigen nicht nur als Folge der Gewalt oder der Lebensklugheit, sondern der persönlichen Not erscheint. Schon die drei Szenen des ersten Aktes lassen also erkennen, wie

sich aus der Gesprächssituation eine vielfältige Dramatik entfaltet, die den Sinn von Freiheit und Gesetz auf wechselnde Weise umspielt.
Im weiteren Gang des Stückes steigert sich die so vielfältig abgewandelte Spannung von Reden und Schweigen nur immer mehr. In der Volksszene des zweiten Aktes ist jede Gelassenheit verloren gegangen; Angst und Unruhe treiben weiter, als solle der Aufruhr alle mitreißen und verstören. Der Zimmermeister meint: „Wir hätten ... unsere Gerechtsame der Regentin vortragen und drauf halten sollen. Reden wir jetzt, versammeln wir uns jetzt, so heißt es, wir gesellen uns zu den Aufwieglern." Dagegen stellt sich Vansen, der das Feuer schürt und zum Reden auffordert, um selbst wieder zum Schweigen gemahnt zu werden: „Es ist immer redenswert ... Wir könnten die spanischen Ketten auf einmal sprengen." „So müßt ihr nicht reden. Wir haben dem König geschworen." „Sagt Eure Meinung." „Laßt ihn reden; man erfährt immer etwas mehr." „Erzählt! erzählt!" „Ihr sollt das Wort führen, Herr Doktor." „Ich schlage ihm die Zähne in den Hals, wenn er noch ein Wort sagt." An der Möglichkeit zu reden oder zu schweigen steigert sich die Erregung fast mehr als an den Inhalten des Redens, der Gegnerschaft gegen die Spanier. Die Redesituation als solche entfaltet ihre dramatische Spannung.
Als dann Alba mit seinen Truppen eingerückt ist, legt sich am Anfang des vierten Aufzugs ein ängstliches Schweigen über das Volkstreiben. An die Stelle der Erregung tritt die Verschüchterung: „Nur ein Wort. Nichts Neues? – Nichts, als daß uns von Neuem zu reden verboten ist ... Der Herzog von Alba hat gleich bei seiner Ankunft einen Befehl ausgehen lassen, dadurch zwei oder drei, die auf der Straße zusammen sprechen, des Hochverrats ohne Untersuchung schuldig erklärt sind ... Bei ewiger Gefangenschaft ist verboten, von Staatssachen zu reden." Der Befehl, das Verbot ist an die Stelle der freien Äußerung getreten. Das Gespräch erstickt im Schweigen. Nur Vansen wagt sich noch hervor, während der Zimmermeister meint: „Wenn ich in meinem Leben so etwas gesagt hätte, hielt' ich mich keine Minute für sicher." Er glaubt, daß Egmont nichts zu fürchten habe, und fragt, „was wollen sie denn heraus verhören,

wenn einer unschuldig ist?" Aber er muß sich über das Verfahren der Inquisition belehren lassen: „Da fragt man erst recht sachte weg ... Dann macht der Inquisitor aus den Antworten wieder Fragen und paßt ja auf, wo irgend ein Widersprüchelchen erscheinen will; da knüpft er seinen Strick an ..." Wort und Sache geraten in ein Mißverhältnis, wo nur noch die politischen Zwecke gelten; die Folgen zeigen sich an den spanischen Soldaten; sie sind wie Maschinen und sehen „so steif und mürrisch aus, saß du auf allen Ecken einen Zuchtmeister zu sehen glaubst." Im fünften Akt ist die Angst so gewachsen, daß Klärchen den Namen Egmonts nicht mehr nennen darf: „Ich spreche von Egmont ... Nennt den Namen nicht! Er ist tödlich." Immer ist es für den Dialog dieses Dramas wesentlich, daß die Gesprächssituation selbst zum Gegenstand des Gesprächs wird; die Menschen leben so in ihren Worten, im Reden und Schweigen, daß sich das Gespräch am Sprechen entzündet. Das ist eine für das deutsche Drama sehr neue und ungewöhnliche Erscheinung, die diesem Werk sein besonderes Gepräge gibt und bei allen Einzelproblemen bedacht sein will, sowohl bei den Fragen der Thematik wie bei denen des Aufbaus, der Charaktergestaltung und der Entstehungsgeschichte.
Denn auch die dem Drama eigene Thematik gewinnt ihr Gewicht erst durch die in den Gesprächssituationen angelegte und sich entfaltende Dramatik. Die politisch-ideellen Auseinandersetzungen besitzen keinen Eigenwert, sondern entsprechen den menschlichen Verhaltungsweisen und Lebenseinstellungen, die sich durch das Verhältnis des einzelnen zum Wort zu erkennen geben. Es lassen sich dem Drama kaum bestimmte Staatsanschauungen und Gesellschaftslehren entnehmen; nur das eine entscheidende Motiv der Freiheit hebt sich heraus. Je mehr sich die Niederländer in ihren Rechten und Gewohnheiten durch die Gewaltherrschaft der Spanier bedroht sehen, um so dringlicher wird die Frage, ob Gesetz und Ordnung eines Staates nur vom Willen des Herrschers abhängen. Ob es nicht vielmehr natürlich ist, daß der Bürger von dem „regiert sein will, der mit ihm geboren und erzogen ist, der gleichen Begriff von Recht und Unrecht gefaßt hat." Aber was es mit dieser Freiheit und Eigenart auf sich hat, wo sie zur

Willkür entartet und den notwendigen Veränderungen entgegenwirkt oder wo sie ein tieferes Recht des Lebendigen vertritt, läßt sich erst durch das Verhalten der Menschen erkennen. So begnügt sich der Dialog nicht mit der Erörterung gegensätzlicher politischer Standpunkte, sondern weist auf das persönliche Lebensgefühl der Sprechenden zurück und führt damit an die Grenzen der Sprache, der Verständigungsmöglichkeit heran. Die Subjektivierung des Dialogs eröffnet einen dramatisch-tragischen Horizont, weil die Sprache als Ausdrucksgestalt des individuellen Verhaltens mit dem Verlangen nach sachlicher Richtigkeit und Eindeutigkeit in Widerstreit bleibt.
So sind die Dialoge, in denen es um die politischen Entscheidungen geht, eigentümlich doppelbödig; Egmonts Gespräch sowohl mit Oranien wie mit Alba erschöpft sich nicht in der politischen Stellungnahme, sondern enthüllt die Ohnmacht einer Warnung wie das Verhängnis eines bloßen Scheingesprächs. Gewiß trägt jeder der Unterredner seine Gründe vor; aber mit ihnen ist es nicht getan, daß sie sich von der Situation der Sprechenden nicht ablösen lassen. Oranien warnt vor der drohenden Gefahr und rät zu einem vorsichtig-abwartenden Verhalten, während Egmont die Sorgen geringachtet und statt dessen die Folgen eines politisch-taktischen Verhaltens fürchtet. Argwohn und Offenheit. Sorge und Vertrauen stehen sich derart gegenüber, daß die Argumente ohnmächtig werden, weil sie nicht Gewißheit geben, sondern nur auf Möglichkeiten verweisen. Wird der König neue Maßregeln ergreifen, wird die Regentin ihre Drohung erfüllen und abtreten oder werden die Dinge gehen wie bisher, so daß alles beim alten bleibt? Auch Oraniens Argument bewegt sich nur im Möglichen; der König könnte versuchen, „das Volk zu schonen und die Fürsten zu verderben", um zu sehen, „was der Rumpf ohne Haupt anfinge". Egmont setzt seine Gründe dagegen, die nur wieder ihre eigene Wahrscheinlichkeit, aber keine Notwendigkeit besitzen. Wird der König es wagen, ein Urteil vor der Untersuchung zu fällen, die Rechte des Adels mißachten und damit zur offenen Tyrannei übergehen? Muß der Rat Oraniens, den Befehlen nicht nachzukommen, Ausflüchte zu suchen und sich in die Provinzen zurückzuziehen, nicht erst recht das Un-

heil heraufbeschwören, das man gerade vermeiden will? Die Weigerung wird den Krieg hervorrufen: „Das Übel, das du fürchtest, wird gewiß durch deine Tat." Aber auch dieses Argument kann die Unsicherheit nicht aufheben, sondern läßt nur auf eine andere Möglichkeit hoffen, sofern Oranien durch seine Abwesenheit den Anschlag Albas stören könnte: „Vielleicht rettet dich mein Weigern. Vielleicht daß der Drache nichts zu fangen glaubt, wenn er uns nicht beide auf einmal verschlingt." So findet das Gespräch aus dem Raum des bloß Möglichen nicht heraus und gibt damit die Ohnmacht des Warners zu erkennen. Im Reden über die Absichten und Hilfsmittel des Gegners enthüllt sich das dem Handeln zugehörige subjektive Moment. Das Verhalten ergibt sich nicht als zwingendes Resultat aus eindeutigen Prämissen, sondern bleibt auf die Beurteilung der Situation bezogen. Die Warnung kann nichts beweisen, um so weniger, als die Sorge, dem vermeintlichen Faktum rechtzeitig entgegenzuwirken, es vielleicht erst hervorruft. Das Gespräch erhält sein Gewicht dadurch, daß es die vieldeutige Gestalt der Vorgänge offenlegt und auf die Haltung des Redenden zurückführt: „Ich muß mit meinen Augen sehen", sagt Egmont. Nicht die politische Auseinandersetzung als solche bestimmt die Dramatik des Dialogs, sondern die jeder Warnung zugehörige Spannung zwischen Möglichkeit und Wirklichkeit. Der Mensch macht durch das Gespräch seine Gefährdung offenkungig und sieht sich doch nur auf sich selbst, auf sein Lebensgefühl zurückgewiesen. Die „Sorglichkeit" Oraniens dringt auf Egmont ein, die er doch als „fremden Tropfen" in seinem Blut empfindet. So liegt die Dramatik der Szene nicht in der politischen Aktion, dem Entstehen einer Verschwörung, sondern in der dem menschlichen Verhalten zugehörigen Schicksalsgewalt; die Worte bezeugen ihre eigene Macht und Ohnmacht.

Diese Spannung zwischen dem Inhalt des Gesprächs und der Gesprächssituation selbst steigert sich dann in der Begegnung Egmonts mit Alba bis zum Dämonischen und Unheimlichen. Nun geht es nicht mehr um das Scheingefecht der Möglichkeiten, das den einzelnen zu einem ihm gemäßen, persönlichen Verhalten nötigt, sondern das brutale Faktum der Gewalttat hebt den Sinn des Re-

dens auf. Das Gespräch dient Alba nur noch dazu, den kurzen Zeitraum auszufüllen, bis all seine Befehle durchgeführt sind und die Verhaftung Egmonts erfolgen kann. Mit Bedacht täuscht er sein Opfer, als käme es hier noch auf den Rat und die Meinung des anderen an, als wäre nicht schon längst alles entschieden. Je mehr Alba noch darum bemüht ist, Egmont in ein gründsätzliches Gespräch über die Ordnung des Staates und die Freiheit des Volkes zu verwickeln, je sachlicher er zu antworten scheint, um so mehr bezeugt er, daß ihm die Freiheit des Gesprächs nichts gilt, daß er nur noch Gehorsam fordert. Wo aber allein der Wille des einen gilt, sehen sich alle anderen zum Werkzeug dieses Willens erniedrigt; all ihr Reden kann nichts mehr bewegen und entscheiden, und damit hebt sich der Sinn des Gesprächs auf. Egmonts bittere Einsicht: „Umsonst hab ich so viel gesprochen: die Luft hab ich erschüttert, weiter nichts gewonnen", trifft genau den Sachverhalt und verweist auf die tragische Situation des dem Wort vertrauenden Menschen, der an das Recht appelliert und sich damit der Gewalt preisgibt. Jenseits aller Einzelthesen, die Egmont oder Alba vertreten, hat diese Szene eine erregende Ausagekraft, weil sie den Sinn der Freiheit in der Gesprächssituation aufdeckt; wo das Wort nicht mehr ernst genommen und nach Gründen nicht mehr gefragt wird, wo nur noch die Gewalt gilt, sieht sich jede „edle Seele" ihrer Lebensmöglichkeiten beraubt.
So gehören zu dieser Szene alle jene Vorbereitungen, durch die Alba das Gelingen seines gewalttätigen Handelns zu sichern sucht und die jedes weitere Gespräch sinnlos machen. Hier geht es nur noch darum, daß „die Befehle des Herzogs ausgerichtet" werden: seine Gehilfen sind es „gewohnt, blindlings zu gehorchen", wie Silva sagt. Es kann höchstens noch über die Durchführung des Befohlenen gesprochen werden, nicht aber über dessen Berechtigung. Die ersten Worte Albas sind denn auch nur eine Frage, ob seine Befehle befolgt wurden, und dann neue Anordnungen. Auch sein Sohn Ferdinand erhält seine Anweisungen und soll bedingungslos gehorchen: „Was du zu tun hast, höre; die Ursachen sollst du wissen, wenn es geschehen ist." Der sprachliche Austausch scheint sich auf Befehlen und Gehorchen einzuschränken,

so daß dem Sohn nur dadurch eine besondere Stellung zuerkannt wird, daß der Vater in ihm nicht nur die „Gewohnheit zu gehorchen", sondern auch den Sinn „auszudenken, zu befehlen, auszuführen" entwickeln möchte. Freilich rückt der Befehlende rasch genug in ein zweideutiges Licht, da er die Folgen seines Handelns nicht vorausberechnen kann und über die Einzelumstände nicht gebietet. Oraniens Absage stellt Albas Plan in Frage und läßt ihn die Macht des Geschicks spüren: „Wie in einen Lostopf greifst du in die dunkle Zukunft." Wenn er trotzdem betont, daß es bei seinem Befehl bleibt und er seinen Willen nicht ändert, so gewinnt damit das Gespräch mit Egmont nur eine noch unheimlichere Beleuchtung. Die Vergeblichkeit alles Redens steht von vornherein fest, zugleich aber auch die tragische Nötigung Egmonts, sich trotzdem dem Gespräch anzuvertrauen; denn die innere Selbstgewißheit des Menschen kann sich nicht Befehlen unterordnen, deren Fragwürdigkeit offenkungig ist.
Nur wenn man die dramatische Ironie in diesem zentralsten Gespräch des Dramas bedenkt, wird man seine Bedeutung verstehen. Egmont scheint ganz unbefangen zu reden, während wir wissen, daß seine Gefangennahme beschlossen ist und der Tod ihn überschattet. Für Alba kommt es nicht mehr auf das Gespräch an, sondern auf die Vernichtung des Gegners; Egmont dagegen muß versuchen, das Gespräch als Mittel der menschlichen Beziehungnahme zu bewähren. Bisweilen könnte es scheinen, als seien die beiden Gesprächspartner gar nicht so weit voneinander enrfernt, als wiederhole Alba Worte Egmonts. Denn wenn er sagt: „Was ist des Freiesten Freiheit? – Recht zu tun! – und daran wird sie der König nicht hindern", so scheint er ganz dasselbe zu sagen, wie Egmont vor den Handwerkern, als er sie ermahnte: „Ein ordentlicher Bürger, der sich ehrlich und fleißig nährt, hat überall so viel Freiheit, als er braucht." Aber solch Gleichklang der Worte bleibt ein täuschender Schein; denn für Alba ist das Recht mit dem Gesetz identisch, das dem Willen des Herrschers entspringt und jeden anderen Willen zur Willkür macht; wer das Gesetz gebrochen hat, muß als Schuldiger seine Strafe finden. Egmont dagegen bezieht die Ehrlichkeit des Bürgers auf den „guten Willen eines Volkes", das sich

des rechten Handelns bewußt ist, auch wenn es wohl gelegentlich dem „Unsinn", der „Trunkenheit" nachgibt; Treue und Liebe erscheinen ihm als die begründenden Kräfte der staatlichen Ordnung. Deshalb verteidigt er die „alten Sitten", die „alte Verfassung" und fürchtet nur die „willkürlichen Veränderungen", die ein fremder Herrscher befiehlt. Bei beiden – bei Alba wie bei Egmont – geht es um das Verhältnis von Freiheit und Willkür, aber so, daß dem einen als Willkür erscheint, was außerhalb des Gesetzes liegt, während dem anderen gerade dieses Gesetz des Königs zum Grund aller Willkür wird: „Wer rettet uns alsdann von völliger Willkür, wenn er uns seine Diener, seine Nächsten sendet, die ohne Kenntnis des Landes und seiner Bedürfnisse schalten und walten?" Die Worte verlieren ihre klärende Kraft, da mit den gleichen Begriffen das Widersprechende gemeint wird und Alba in allen Worten Egmonts nur den Ungehorsam, die Widersetzlichkeit bestätigt findet. Weil in diesem Gespräch von vornherein feststeht, daß es an den Vorgängen nichts mehr ändert und nur noch die Ohnmacht des Redens enthüllen kann, ist es ein so unheimliches Gespräch, wie kaum ein anderes in Goethes Dramen. Es läßt etwas von jenem Dämonischen spüren, an dem die menschliche Selbstverantwortung ihre Grenze findet. Egmont möchte sich in der Hoffnung auf ein „wiederholtes Gespräch" entfernen, als Alba ihn verhaftet und damit seine Verachtung des Redens bezeugt; die Gewalt hebt den in der Sprache sich bezeugenden Eigenwert des Menschen auf.

Im Gegensatz zu den Szenen mit Alba stehen die mit Klärchen. Denn in ihren Worten ist die Sprache immer nur der unmittelbarste Ausdruck des Gefühls, so sehr, daß sie in den entscheidenden Momenten ganz zur Liebesgebärde werden und sich zum Lied steigern: sie ist „die Seele, die liebt" und darum zugleich „freudvoll und leidvoll". Alles was sie sagt, ob zu ihrer Mutter, zu Brackenburg, zu Egmont oder den Handwerkern, hat nur dies eine Thema ihrer Liebe. Wenn sie sich erinnert, wie alles gekommen ist, spricht sie nur von der Übergewalt eines Gefühls, das sich selbst begreift und doch nicht begreift: „Wenn ich so nachdenke, wie es gegangen ist, weiß ich's wohl und weiß es nicht." Als Egmont sie zum erstenmal besuchte, versagte ihr die Sprache: sie blieb auf ihrem Stuhl „wie

angeheftet und staunend sitzen"; als sie einen Holzschnitt sah, auf dem Egmont in der Schlacht bei Gravelingen dargestellt ist, überlief es sie so, daß sie schreien mußte. Ihre Sprache des Gefühls bewegt sich zwischen dem Verstummen und dem Schrei als den unmittelbarsten Ausdrucksgebärden. Ihre Worte haben nur Gewicht, weil sie auf das Gefühl zurückweisen und es bestätigen. Sobald Egmont ins Zimmer tritt und sie anruft, tut sie einen Schrei, „umarmt ihn und ruht an ihm", wie die Regiebemerkung sagt. Sie kann nur noch stammeln: „O du Guter, Lieber, Süßer! Kommst du? bist du da!" Die Sprache hat keinen Mitteilungswert mehr, nur noch einen das Gefühl bestätigenden Ausdruckswert, der das Liebesgeplauder rechtfertigt. Die einzige Frage, die Klärchen stellen kann, ist die nach echt oder falsch; ob die Regentin sich verstellt, ob sie falsch ist, ob Egmont Geheimnisse hat. So lebt sie ganz aus der Wahrheit des Gefühls, aus der Unbedingtheit des Herzens. Als Egmont gefangen ist, kennt sie nur noch das Verlangen, ihn zu befreien; was sie den Handwerkern sagt, versteht sie als das in ihr lautwerdende Gefühl: „Ich ruf euch ja nur zu, was jeder wünscht. Ist meine Stimme nicht eures Herzens eigne Stimme?" Wenn Albas planender und befehlender Wille das Gespräch aufhebt, weil er nur Gehorsam fordert, so führt Klärchens lebendiges Gefühl an die Grenze des Verstummens, um zugleich der Sprache ihre Echtheit und Entschiedenheit zurückzugeben. Darin allein liegt die siegende Kraft dieser Gestalt, die es rechtfertigt, daß in Egmonts Traumvision die himmlische Erscheinung der Freiheit die Züge von Klärchen annimmt. Sofern sie aus der Wahrheit des Gefühls lebt und spricht, trägt sie – wie sie es sich wünscht – Egmont die Fahne nach, kann sie sich selber mit einer Fahne vergleichen: „Wie eine Fahne wehrlos ein edles Heer von Kriegern wehend anführt, so soll mein Geist um eure Häupter flammen." Sie zeugt von der unaufgebbaren Einheit von Sprache und Gefühl, die alle Täuschungen und Verängstigungen schließlich doch überwinden muß, so daß sich in ihrem Zeichen die Wahrheit des Menschlichen wiederherstellen kann.
Erst wenn man diese ebenso vielstimmige wie beziehungsreiche Dramatik des Dialogs beachtet, wird die einheitliche Komposition des Dramas deutlich und Goethes dichterisches Verfahren mit dem

Stoff verständlich. Auch die lange Entstehungsgeschichte des Werkes sieht sich dann anders an. Sie hat offenbar dazu geholfen, die dialogische Spannung der einzelnen Szenen zu differenzieren und zu verstärken. Die Gestaltungsaufgabe blieb auf die im Stoff angelegte Grundthematik bezogen; die szenischen Situationen und Handlungsabläufe werden sich kaum wesentlich geändert haben. Alle anders gerichteten Rekonstruktionsversuche bleiben unbeweisbare Hypothesen. Die eigentliche Leistung lag im dichterischen Tun selbst und das heißt hier in der Ausarbeitung der sprachlichen Dramatik, die immer zugleich das innere Wesen des Menschen betrifft. Sprachlich-stilistische Wandlungen werden sich vollzogen haben, je mehr in die erlebnisgebundene, charakterisierende Ausdruckssprache des jungen Goethe die distanzierende Besonnenheit der Reife eindrang. Aber darum besteht noch keine Veranlassung, von Stilbrüchen und Unstimmigkeiten zu sprechen, wie man es immer wieder getan hat; es besteht kein Mißverhältnis zwischen Privatschicksal und politischem Stoff (Gundolf); noch kann man vermeintliche Unklarheiten in den politischen Gedanken des Stücks aus der Entstehung des Dramas erklären, als habe Goethes politische Neuorientierung in Weimar von dem ursprünglichen Frankfurter Freiheitsdrama wenig übrig gelassen (Hans M. Wolff) oder als wäre der Ur-Egmont den klassizistischen Überzeugungen des Zeitalters zum Opfer gefallen (Hans Böhm). Denn wesentlich bleibt von Anfang bis Ende, daß das Freiheitsthema nicht als isolierte politische Zielsetzung, sondern als ein Grundmotiv des menschlichen Daseins in der dem sprachlichen Verhalten zugehörigen Dramatik entfaltet wird. Nur deshalb kann das Schicksal Egmonts in den Mittelpunkt rücken, kann seine innere Selbstgewißheit noch seinen Untergang verklären und die Heiterkeit der Seele selbst noch in der Todesangst spürbar bleiben (E. Staiger).

Paul Böckmann: Goethe 'Egmont' In: Das deutsche Drama von Barock bis zur Gegenwart. Interpretationen. Hrsg. von Benno von Wiese. Düsseldorf: Bagel 1958. S. 150-159.

7.4 Emil Staiger

Oft genug ist es bei Goethe so, daß gerade die Überlagerung und der Ausgleich früher und später Schichten das Zwielicht des unergründlichen Lebens erzeugt. «Torquato Tasso», «Wilhelm Meisters Lehrjahre» dürfen als Beispiele gelten. Dem «Egmont» aber werden wir diesen Vorzug kaum zusprechen. Hier liegen die geologischen Schichten wirr durcheinander und sind auch dem unbewaffneten Auge sogleich erkennbar. Goethe selber erklärt in einem Brief aus Italien, er habe das Werk vollendet, «ohne es umzuschreiben[13]». Das läßt sich schon an der Sprache bemerken. Die Volksszenen erinnern uns an den «Götz»; Behagen und Biedersinn machen sich in den urwüchsigen, derben Reden breit. Der Auftritt Vansens im zweiten Akt, seine Demagogie und die Haltung des Volks, das hier zum Pöbel entartet, läßt auf die Nähe des Plans zu einem «Julius Cäsar» und damit Shakespeares schließen. Albas Gespräch mit seinem Sohn und der folgende Monolog gehören in den Bereich des blassen, vorsichtigen Stils der ersten Weimarer Jahre, der auch die Prosafassung der «Iphigenie auf Tauris» charakterisiert. Schon hier und in späteren Teilen geht die Prosa manchmal in Jamben über, ohne sich freilich je entschieden zu diesem Umschlag zu bekennen. Klärchen dagegen verirrt sich gelegentlich in den Tonfall des Distichons[14], das Maß der «Römischen Elegien». Da es sich aber nicht wie im »Faust« um eine Folge mehr oder minder selbständiger Szenen handelt, da Altes und Neues immer verzahnt bleibt, ist das Ergebnis unerquicklich: Die Unstimmigkeiten erlauben bei stiller Lektüre keinen reinen Genuß und können höchstens auf der Bühne einigermaßen veredelt werden.

Und davon abgesehen: Sollte man glauben, daß derselbe Dichter, der dieses Werk, nicht etwa verdrossen, sondern mit höchster Genugtuung abschließt, bereits die «Iphigenie auf Tauris» und den «Urfaust» geschrieben hat? Es ist verständlich, daß eine Gestalt wie Klärchen die Zeitgenossen entzückte, daß ihre hochherzige Liebe auch heute noch die Gemüter ergreift und rührt. Doch kann man

13) Italienische Reise, Korrespondenz, 3. Nov. 1787

14) Vgl. Hans M. Wolff, Goethes Weg zur Humanität, Bern 1951, S. 111/12

darüber vergessen, daß sie allein in ihren Liedern lebendig, im Übrigen aber «nur gedacht» und abstrakt-rhetorisch ausgeführt ist? Zwei, drei Verse Gretchens beschwören mehr innige Wirklichkeit herauf als die langen Tiraden, mit denen Klärchen die Bürger zum Kampf aufruft. Und schon im ersten Aufzug das Gespräch mit der Mutter:

«*Mutter.* Ist mirs nicht Kummer genug, daß meine einzige Tochter ein verworfenes Geschöpf ist?

Kläre (aufstehend und kalt). Verworfen! Egmonts Geliebte verworfen? – Welche Fürstin neidete nicht das arme Klärchen um den Platz an seinem Herzen!«

Müßten wir den Verfasser erraten, wir würden eher Klinger oder den jungen Schiller als Goethe nennen. Es ist weltfremdester Sturm und Drang, schon in der Gebärde: «Aufstehend und kalt». Wo sind sonst Goethes Mädchen pathetisch? Dazu paßt es dann freilich, wenn Egmont im Kerker mit wenigen Sätzen sein Klärchen am Ferdinand abtritt. Dieses «lakonische Vermächtnis[15]» schien bereits den Weimarer Freundinnen tadelnswert. Goethe redete sich heraus, indem er erklärte, «daß in der Szene mit Ferdinand Klärchen nur auf eine subordinierte Weise gedacht werden konnte, um das Interesse des Abschieds von dem jungen Freunde nicht zu schmälern, der ohnehin in diesem Augenblicke nichts zu hören noch zu erkennen imstande war[16].» Doch damit wird der Stein des Anstoßes nicht aus dem Wege geräumt. Egmont, der frei und großherzig handeln sollte, erniedrigt seine Geliebte; und Goethes Erklärung beweist nur, wie äußerlich ausgerechnet die Szene ist. Den Salto mortale in die Oper am Schluß hat schon Schiller als peinlich empfunden. Ein Kulissenzauber als Ausklang eines im übrigen dem verbindlichen Wort verpflichteten Dramas, an einer Stelle zudem, die die letzte Erhebung des Helden enthüllen sollte: das ist in der Tat eine seltsame Ausflucht, die keine noch so gescheite Begründung dem reinen Gefühl zu empfehlen vermag[17]. Schwer zu widerlegen

15) Italienische Reise, Bericht, Dez. 1787
16) Italienische Reise, Bericht, Dez. 1787
17) Zum Umschlag in die Oper vgl. W. Emrich, Die Symbolik von Faust II, Berlin 1943, S. 86 ff.

wären auch Schillers Bedenken gegen die Haltung Egmonts im politischen Leben. Goethe setzt voraus und läßt erzählen, daß Egmont ein großer Mann sei. Selber sehen wir wenig davon. Im zweiten Aufzug erledigt er im Vorbeigehen einige Amtsgeschäfte und erweist sich dabei als menschlicher und vernünftiger Herr. Aber den großen politischen Fragen seiner Zeit gegenüber versagt er. Oranien schildert ihm die Lage, zutreffend, wie sich später zeigt. Egmont weigert sich, ihm zu glauben und «badet die sinnenden Runzeln seiner Stirne mit einem freundlichen Mittel», mit einem Besuch bei Klärchen, weg.

«Nein, guter Graf Egmont!» bemerkt da Schiller, «Runzeln wo sie hingehören, und freundliche Mittel, wo sie hingehören! Wenn es Euch zu beschwerlich ist, Euch Eurer eigenen Rettung anzunehmen, so mögt Ihr's haben, wenn sich die Schlinge über Euch zusammenzieht. Wir sind nicht gewohnt, unser Mitleid zu verschenken[18].«

Gewiß, wir sträuben uns, solche Argumente bei Goethe gelten zu lassen. Sie gehen allzu rasch über einen geheimeren dichterischen Sinn hinweg. Doch andrerseits läßt sich schwerlich leugnen, daß eben dies Dichterische, das Schiller verkennt, hier fehl am Platz ist, in einem Moment, da eine Haupt- und Staatsaktion den Helden in Anspruch nehmen sollte. Der große historische Stoff ertrüge solche private Ingredienzien höchstens an untergeordneter Stelle, nicht im entscheidenden Augenblick und nicht als Grund der Katastrophe. Das Schicksal des Adels und des niederländischen Volkes steht auf dem Spiel, und der Protagonist benimmt sich als kenntnisloser, gutgläubiger Dilettant.

Wie konnte sich Goethe so vergreifen? Wir müssen den «Egmont» als Nachzügler des «Götz von Berlichingen» betrachten. Es ist nicht das einzige Mal, daß die schöpferische Energie nach Vollendung eines Werks in derselben Richtung noch weiterdrängt und nach ähnlichen Stoffen sucht, ohne doch für ein zweites Gelingen auszureichen. So schließt sich etwa an «Iphigenie auf Tauris« der «Elpenor» an. Auf eine Vollendung des «Elpenor» hat Goethe verzich-

18) Schiller, Werke, vollständige historisch-kritische Ausgabe, hrsg. von O. Günther und G. Witkowski, Leipzig o. J., Bd. 19, S. 185

tet. Der «Egmont» dagegen hält ihn fest. Offenbar steckte doch etwas darin, was dem Dichter am Herzen lag und was er sonst nirgends auszusprechen vermochte, eine Idee oder eine Stimmung, für die einen Namen zu finden ihm schwer fiel und die er zunächst einmal «Freiheit» nannte.
Die Freiheit preist Götz als sein höchstes Gut. Die Freiheit erscheint dem gefangenen Egmont und stärkt ihn für die Stunde des Todes. Das ist für den Beifall der Masse genug. Wir werden uns aber schon hier mit Vorteil der Warnung Albas erinnern:

«Freiheit, ein schönes Wort, wer's recht verstünde.»

Die Dinge liegen im »Götz von Berlichingen« anders als im «Egmont».
«In ‚Götz' war es ein tüchtiger Mann, der untergeht in dem Wahn: zu Zeiten der Anarchie sei der wohlwollende Kräftige von einiger Bedeutung. Im 'Egmont' waren es festgegründete Zustände, die sich vor strenger, gut berechneter Despotie nicht halten können[19].«
Wo es sich, wie im «Götz» um die Freiheit eines großen Einzelnen handelt, ist das Problem nicht allzu weitläufig. Der Held tut, was er will, und nimmt die Folgen auf seine eigene Kappe. Der Zustand des Faustrechts ist ein politisch und poetisch geeigneter Rahmen. Wo dagegen die Freiheit eines ganzen Volkes in Frage steht, ergeben sich Schwierigkeiten, die weder der Dichter noch der politische Denker so rasch zu lösen vermag. Von der plastischen Willkür des Einzelnen kann von vornherein nicht mehr die Rede sein. Zwar schildert Egmont die Niederländer als «Männer ... ein jeder rund für sich ein kleiner König, fest, rührig, fähig, treu[20].«
Die kleinen Könige müssen aber doch eine Ordnung anerkennen, um als Volk zusammen zu leben. Dazu sind sie bereit; sie fügen sich einer Ordnung, aber nur jener, die sie sich selber gegeben haben. Deshalb kommen sie stets auf die alten privilegierten Rechte zurück. Sie wollen «nach ihrer Art regiert[21]» sein und ihre «alte Verfas-

19) Dichtung und Wahrheit, 19. Buch
20) 4. Aufz., Egmont, Alba
21) 1. Aufz., Regentin, Machiavell

fassung[22]» behalten.
Es sind also wieder, wie im «Götz», Ideen Justus Mösers, zu denen Goethe sich zu bekennen scheint. Die Bürger, Machiavell, der Sekretär Margareta von Parmas, und Egmont treten für diese Freiheit ein. Alba, der sich ihr widersetzt, überhaupt die Spanier müssen dann die Rolle des Bösewichts übernehmen. Jeder, der Alba bleich und hager über die Bretter schreiten sieht, wird sich leicht davon überzeugen lassen. Ein «Blutgeruch[23]» geht von ihm aus; er ist kalter Grausamkeit fähig; er redet zynisch über die Mutter seines Sohnes; er begeht an Egmont schnöden Verrat. Die steife Grandezza seiner Soldaten, die starrenden Waffen, die spanische Tracht tun auf der Bühne das Übrige. Alles was in die Augen springt und in die Eingeweide dringt, spricht eine unzweideutige Spache: Unmenschlicher Despotismus ist gegen das Recht und die Freiheit des Volkes gesetzt und erringt in der Katastrophe den Sieg, nur einen Tragödiensieg indes, mit dem uns die Prophezeiung des Siegs der guten Sache wieder versöhnt. So hat es auch Beethoven aufgefaßt. Die «Siegessymphonie» am Schluß, die Goethe ausdrücklich verlangt, um von der schöneren Zukunft noch den letzten Vorhang wegzuziehen, hat ungebrochen revolutionären Klang und schlägt alle kühle Besinnung nieder.
Wenn diese dann aber wieder erwacht, sieht das Ganze nicht mehr so einfach aus. Wir bemerken zunächst, daß auch Alba manches triftige Wort zu sagen hat. Er weist darauf hin, daß die durch alte Rechte geschützte Freiheit in außenpolitischer Hinsicht eine Gefahr ist:
«Wenn auswärtige Feinde drängen, an die kein Bürger denkt, der mit dem Nächsten nur beschäftigt ist, und der König verlangt Beistand, dann werden sie uneins unter sich und verschwören sich gleichsam mit ihren Feinden[24].»
Alba ferner ist es, der die bekannte, so oft wiederholte Sentenz prägt:

22) 4. Aufz., Egmont, Alba
23) 4. Aufz., Alba allein
24) 4. Aufz., Egmont, Alba

«Was ist des Freisten Freiheit? – Recht zu tun[25]!»
Und darin geht er seltsamerweise sogar mit Egmont einig, der zur Ruhe mahnt mit den Worten:
«Ein ordentlicher Bürger, der sich ehrlich und fleißig nährt, hat überall so viel Freiheit, als er braucht[26].»
Vor Alba spricht er dann freilich anders. Da tadelt er den König, weil er beschließt,
«was kein Fürst beschließen sollte. Die Kraft seines Volks, ihr Gemüt, den Begriff, den sie von sich selbst haben, will er schwächen, niederdrücken, zerstören, um sie bequem regieren zu können. Er will den innern Kern ihrer Eigenheit verderben, gewiß in der Absicht, sie glücklicher zu machen. Er will sie vernichten, damit sie etwas werden ein ander Etwas[27].«
Das ist wieder ganz im Geiste Mösers. In demselben Auftritt aber, kurz vorher, äußert sich Egmont so:
«Muß man doch auch von allen Seiten hören: es sei des Königs Absicht weniger, die Provinzen nach einförmigen und klaren Gesetzen zu regieren, die Majestät der Religion zu sichern und einen allgemeinen Frieden seinem Volke zu geben, als vielmehr sie unbedingt zu unterjochen, sie ihrer alten Rechte zu berauben, sich Meister von ihren Besitztümern zu machen, die schönen Rechte des Adels einzuschränken, um derentwillen der Edle allein ihm dienen, ihm Leib und Leben widmen mag.»
Auch hier verteidigt er «alte Rechte». Aber er scheint doch mit «einförmigen und klaren Gesetzen», also mit einer Beschränkung der Privilegien, einverstanden zu sein. Seine Haltung ist wieder nicht ganz klar. Man hat den Eindruck, er liebe das Herkommen, habe sich aber, wider Willen, von der Notwendigkeit einer allgemeineren Ordnung überzeugt.
Der gleichen Unsicherheit begegnen wir dort, wo das Volk auf der Bühne erscheint. Ein Armbrustschießen eröffnet das Stück. Der Schützenkönig repräsentiert die Königlichkeit des einfachen Bürgers. «Sicherheit und Ruhe, Ordnung und Freiheit» lautet die Paro-

25) 4. Aufz., Egmont, Alba
26) 2. Aufz., Platz in Brüssel
27) 4. Aufz., Egmont, Alba

le. Dagegen ist nichts zu sagen, solang dieses Volk tatsächlich ruhig bleibt. Nun kommen aber von außen die reformierten Prediger in das Land und verkünden die Freiheit des Christenmenschen, so, daß die katholische Majestät sich davon bedroht fühlen muß. Um der Gefahr zu begegnen, wird von nun an ein geistlicher Druck ausgeübt. «Die Inquisitionsdiener schleichen herum[28]«. Vierzehn neue Bischöfe kommen. Die französischen Psalmen werden verboten. Wer einem deutschen Prediger zuhört. läuft Gefahr, seinen Kopf zu verlieren. Durch einen solchen Gewissenszwang setzt die Regierung sich zweifellos ins Unrecht. Im Recht aber scheint sie wieder zu sein, wenn in der Folge die Greuel der Bilderstürmer berichtet werden, Gewissenszwang von der andern Seite und mit den Mitteln des gröbsten Terrors. In dieser Verwirrung empfiehlt Machiavell die Glaubensfreiheit:

«Ich weiß wohl; der König befiehlt, er läßt euch seine Absichten wissen. Ihr sollt Ruhe und Frieden Wiederherstellen durch ein Mittel, das die Gemüter noch mehr erbittert, das den Krieg unvermeindlich an allen Enden anblasen wird. Bedenkt, was Ihr tut. Die größten Kaufleute sind angesteckt, der Adel, das Volk, die Soldaten. Was hilft es, auf seinen Gedanken beharren, wenn sich um uns alles ändert? Möchte doch ein guter Geist Philippen eingeben, daß es einem Könige anständiger ist, Bürger zweierlei Glaubens zu regieren, als sie durch einander aufzureiben[29].«

Man hat erklärt, hier komme die Ansicht Goethes unmißverständlich zum Ausdruck. Das mag zutreffen, sofern es sich nur grundsätzlich um Frieden und Duldung handelt. Doch folgte der König dem Rat Machiavells, so hätten die Niederländer die Glaubensfreiheit mit Gewalt ertrotzt oder bestenfalls ihre alten Privilegien mit Gewalt verteidigt. Und daß sich Goethe auch dazu bekenne, geht aus dem «Egmont» nicht hervor. Im Gegenteil! Vansen, der das bedrohte, friedliche Volk zum Widerstand und zur Verteidigung des Rechts aufwiegelt, erscheint durchaus als der «schlechte Kerl», als den der Zimmermann ihn bezeichnet. Und wie seine Demagogie Erfolg hat, tritt Egmont dazwischen und warnt das Volk:

28) 1. Aufz., Armbrustschießen.
29) 1. Aufz., Regentin, Machiavell

«Glaubt nicht, durch Aufruhr befestige man Privilegien[30]!» Auch dies ist wohl Goethes eigene Ansicht. Eben diese Ansicht aber erweist sich im weiteren Verlauf als falsch. Die Beschwichtigung des Aufruhrs bahnt Alba den Weg; Egmont wird hingerichtet, das Volk in jeder Regung streng überwacht. Und nur ein neuer, beherzterer Aufruhr, der nicht vor Blut und Gewalt zurückschreckt, wird endlich – wie die Erscheinung Klärchens und Egmonts letztes Wort andeuten – dem Recht und der Freiheit zum Sieg verhelfen.

Aus: Emil Staiger 'Goethe'. 1749-1786. Zürich und Freiburg im Breisgau: Atlantis Verlag ³1960. S. 290-97.

30) 2. Aufz., Platz in Brüssel

8. Bibliographie (Auswahl)

Aus der Vielzahl an Veröffentlichungen zum Drama Goethes und zum „Egmont" sind hier lediglich die für das Erstellen des Erläuterungsbandes wirklich herangezogenen Titel aufgeführt. –

Goethes Werke. (Sog. Hamburger Ausgabe. Hrsg. von Erich Trunz). Band 4: Dramatische Dichtungen II. Hrsg. von W. Kayser. Hamburg 1953

Johann Wolfgang Goethe. Gedenkausgabe der Werke, Briefe und Gespräche. (Artemis-Ausgabe. Hrsg. von Ernst Beutler). Band 6: Die Weimarer Dramen. Hrsg. von K. May. Zürich 1954

Johann Wolfgang Goethe. Egmont. Ein Trauerspiel in fünf Aufzügen. Mit einem Nachwort. Suttgart 1983 (Reclam-Band Nr. 75)

*

Bielschowsky, Albert. Goethe. Band 1. Müchen 1895/1928 (S. 340-358 / „Egmont")

Böckmann, Paul. Goethe. Egmont. In: Das deutsche Drama vom Barock bis zur Gegenwart. Hrsg. von B. v. Wiese. Band 1. Düsseldorf 1958. (S. 147-168)

Braemer, Edith. Goethes „Egmont" und die Konzeption des Dämonischen. In: Weimarer Beiträge 4 (Sonderheft 1960). S. 1011-1028

Brück, Max von. Johann Wolfgang von Goethe: Egmont. Deutung und Dokumentation. Frankfurt a. M. 1969 (Dichtung und Wirklichkeit 31)

Busch, Ernst. Egmont. In: Der Deutschunterricht 1 (1949), S. 18-36

Dahnke, Hans Dietrich. Geschichtsprozeß und Individualitätsverwirklichung in Goethes „Egmont". In: Studien zur Literaturgeschichte und Literaturtheorie. Hrsg. von H. G. Thalheim und U. Wertheim. Berlin 1970 (S. 58-100; S. 340-344).

Düntzer, Heinrich. Goethes Egmont. Leipzig [5]1898 (Erläuterungen zu den deutschen Klassikern. Abth. 1: Erläuterungen zu Goethes Werken 7)

Fuchs, Albert. Egmont. In: W. G.: Der junge Goethe. Interpretationen. Paderborn 1964 (S. 70-83)

Gundolf, Friedrich. Goethe. Berlin 1916/1930 (S. 184-197)

Hartmann, Horst. Goethes Egmont. Eine Analyse. In: Weimarer Beiträge 13 (1967), S. 48-75

Hinderer Walter (Hg.). Goethes Dramen. Neue Interpretationen. Darin: H. Reinhardt: Egmont. Stuttgart 1980 (S. 122-143)

Hof, Walter. Über Goethes „Egmont". In: Wirkendes Wort 1 (1950/51 S. 91-98)

Korff, Hermann-August. Geist der Goethezeit. Band 2: Sturm und Drang. Leipzig [8]1966 (S. 215-219)

Mehring, Franz. Goethes „Egmont". In: F. M.: Gesammelte Schriften. Band 10. Berlin 1961 (S. 62-69)

Nicholls, Roger A. Egmont and the Vision of Freedom. In: The German Quarterly 43 (1970), S. 188-198

Staiger, Emil. Goethe. Band 1. Zürich und Freiburg i. Br. 1952 (S. 289-307)

Wagener, Hans. Johann Wolfgang Goethe. Egmont. Erläuterungen und Dokumente. Stuttgart (bibliographisch ergänzte Ausgabe) 1982

Wiese, Benno von. Die deutsche Tragödie von Lessing bis Hebbel. Hamburg 1948/[8]1964 (Band 1)

Ziegler, Klaus. Goethes „Egmont" als politisches Drama. In: Verstehen und Vertrauen. Otto Friedrich Bollnow zum 65. Geburtstag. Hrsg. von J. Schwartländer, M. Landmann und W. Loch. Stuttgart 1968 (S. 272-292)

Zimmermann, Ernst. Goethes Egmont. (Bausteine zur Geschichte der neueren Literatur). Halle (Saale) 1909/ Repr. Walluf 1973

CHEMIE

Th. Bokorny

Chemie-Gerüst

Wegweiser und Ratgeber für Schüler und Abiturienten. 13., überarb. Auflage

128 Seiten **Bestell-Nr. 0674–2**

Dieses kurze in Tabellenform abgefaßte Vademecum der Chemie soll kein Lehrbuch oder Lexikon sein, sondern die großen Linien und wissenswerten Teile der modernen Chemie übersichtlich klar und einprägsam veranschaulichen und in Erinnerung bringen.

DEUTSCH

Christian Floto

Basisinterpretationen für den Literatur- und Deutschunterricht I

– Ausgewählte Stücke und Prosa von Shakespeare bis Ionesco –

96 Seiten **Bestell-Nr. 0589–4**

Nach einer kurzen Skizzierung der Literaturepoche werden anhand häufig gelesener Stücke Basisinterpretationen gegeben. Alle Beispiele entstanden im Unterricht der Sekundarstufen.

Folgende Stücke werden u. a. behandelt:

Shakespeare, Hamlet – Lessing, Nathan – Schiller, Wallenstein – Goethe, Iphigenie – Kleist, Marquise von O/Die Verlobung . . . – Fontane, Effi Briest – Dostojewski, Der Spieler – Hauptmann, Rose Bernd – Mann, Tonio Kröger – Döblin, Berlin Alexanderplatz – Kafka, Der Prozeß – Brecht, Sezuan – Kipphardt, Oppenheimer – Frisch, Homo Faber – Frisch, Biedermann u. Br. – Ionesco, Die Stühle.

Christian Floto

Basisinterpretationen für den Literatur- und Deutschunterricht II

– Ausgewählte Stücke und Prosa „moderner" Autoren in der ersten Hälfte des 19. Jahrhunderts. –

108 Seiten **Bestell-Nr. 0593-2**

Literaturgeschichtlicher Abriß, Biographische Stationen, Aufbauprinzipien von Novelle und Drama; problemorientierte Bezüge zur modernen sozialpsychologischen Lebenssituation. Folgende Stücke werden u. a. behandelt:

Büchner, Woyzeck – Grabbe, Scherz, Satire, Ironie . . .; Kleist, Der zerbrochene Krug/Prinz von Homburg/Michael Kohlhaas/Erdbeben in Chili.

Bernd Matzkowski

Basisinterpretationen für den Literatur- und Deutschunterricht der Sekundarstufen Band III

Untersuchungen und didaktische Hinweise zum Volksbuch Till Eulenspiegel.

Hinweise auf den Schelmenroman.

80 Seiten, kart. **Bestell-Nr. 0598–3**

Sachanalyse – Ausgewählte Historien – Motivquerverbindungen zu Schelmenromanen des 16. und 17. Jahrhunderts – Vorschläge für die Behandlung im Unterricht u. a.

Bernd Matzkowski/Ernst Sott

Basisinterpretationen für den Literatur- und Deutschunterricht der Sekundarstufen Band IV

36 moderne deutsche Kurzgeschichten mit Arbeitsfragen.

112 Seiten, kart. **Bestell-Nr. 0599–1**

Interpretation der Kurzgeschichten **mit Arbeitsfragen** zu

ARBEITSTEXTE FÜR DEN UNTERRICHT (Reclam) Deutsche Kurzgeschichten 11.–13. Schuljahr

und Pratz/Thiel:

NEUE DEUTSCHE KURZGESCHICHTEN (Diesterweg)

Karin Cohrs/Martin H. Ludwig

Basisinterpretationen für den Literatur- und Deutschunterricht der Sekundarstufen Band V

Romane und Novellen des 19. Jahrhunderts

120 Seiten, kart. **Bestell-Nr. 0631–9**

Aus dem Inhalt:

Einleitung, Politik und Kultur des 19. Jahrhunderts – Interpretationen ausgewählter Romane und Novellen.

Kurzbiographie des Dichters – Entstehung des Werkes – Inhalt – Charaktere – Situationen – Erschließung des Textes (stilistische Besonderheiten, literaturhistorischer Rahmen, gesellschaftliche und politische Bezüge usw.), Arbeitsfragen.

Hoffmann, Das Fräulein von Scuderi – Kleist, Das Erdbeben in Chili – Mörike, Maler Nolten – Gotthelf, Wie Uli der Knecht glücklich wird – Storm, Immensee – Droste-Hülshoff, Die Judenbuche – Raabe, Die Akten des Vogelgesangs – Fontane, Der Stechlin – Eichendorff, Aus dem Leben eines Taugenichts – Keller, Die drei gerechten Kammacher – Storm, Hans und Heinz Kirch – Raabe, Die schwarze Galeere – Fontane, Schach von Wuthenow – Hauptmann, Bahnwärter Thiel.

Bausteine – Deutsch

stellt detaillierte Unterrichtsstunden zur Behandlung unterschiedlichster Texte für die Sekundarstufen I und II vor.

Anordnung der Stunden als Sequenzen – Texte und Textanalysen – Didaktisch-methodische Arbeitshinweise – praktisch zu handhaben.

Angesprochen sind Lehrer und Lehramtsanwärter aller Schulformen.

Autoren sind: Praktiker – Ausbilder – Fachwissenschaftler aus allen Schulformen.

Bausteine Lyrik I

Spiel mit Sprache/Lyrischer Humor/Konkrete Poesie

160 Seiten, kart. **Bestell-Nr. 0650–5**

Gerd Eversberg

Wie verfasse ich ein Referat?

Hinweise für die Informationsbeschaffung und -verarbeitung für den Literaturunterricht.

2. Auflage, 116 Seiten **Bestell-Nr. 0582–7**

Dieser Band soll den Schülern transparentes Arbeiten lehren. Das Themenbeispiel orientiert sich an der Schulpraxis und wurde auch erfolgreich erprobt.

Inhalt: Bibliographieren – Zitieren – Materialsammlungen – Bibliotheksbenutzung – Entleihen – Fernleihverkehr – Verlagskataloge und Buchhandlung – Manuskriptgestaltung – Referieren – Diskutieren.

Gerd Eversberg

Deutsch – Sekundarstufe II Kollegstufe

Diese neue Reihe bietet Schülern der gymnasialen Oberstufe Arbeitshilfen für die selbständige Erweiterung ihrer Fähigkeiten in den Lernbereichen Umgang mit Texten, mündliche und schriftliche Kommunikation sowie Reflexionen über Sprache.

An die Stelle des traditionellen Aufsatzunterrichts früherer Jahre tritt heute eine Fülle schriftlicher und mündlicher Äußerungen, die auf die Fähigkeit der Schüler zielen, sich erfolgreich in sämtlichen Bereichen der deutschen Sprache auszukennen.

Die vorliegenden Themen orientieren sich an den Anforderungen, die in den Richtlinien der verschiedenen Bundesländer zur Ausbildung im Fach Deutsch formuliert werden.

Textanalyse 1 Umgang mit fiktionalen (literarischen) Texten

152 Seiten **Bestell-Nr. 0641–6**

Aus dem Inhalt:

I. Der Begriff des fiktionalen Textes: Das „Ästhetische" der Literatur – Betrachtungsweisen von Literatur – Literarische Wertung.

II. Probleme der Interpretation: Der Prozeß des „Verstehens" – Methoden der Literaturinterpretation – Arbeitstechniken (Textwiedergabe / Texterarbeitung / Texterörterung).

III. Beispiele für Interpretationen: Epische Texte – Dramatische Texte – Gedichte.

IV. Massenliteratur.

Textanalyse 2 Umgang mit nichtfiktionalen (Gebrauchs-)Texten

144 Seiten **Bestell-Nr. 0642–4**

Aus dem Inhalt:

I. Der Textbegriff.

II. Eine Typologie von Gebrauchstexten.

III. Bedingungen der Textanalyse.

IV. Methoden der Textanalyse: Textwiedergabe – Textbeschreibung – Texterörterung.

V. Beispiele für Textanalysen: Darstellende Texte (Sachtexte/Wissenschaftliche Texte) – Werbende Texte (Werbetexte/Politische Reden) – Gesetzestexte.

Gebrauchstextanalysen

– Methoden und Beispiele –

2. Auflage, 80 Seiten **Bestell-Nr. 0588–6**

Herausgegeben von einem Arbeitskreis der Pädagogischen Akademie Zams.

Aus dem Inhalt:

I. Warum Textuntersuchung? Begriffserklärungen.

II. Textanalyse – Textkritik

Vorgestellt werden nur drei Möglichkeiten einer Analyse:

a) Kommunikationstheoretischer Aspekt

b) stilistischer Aspekt

c) soziologischer Aspekt

III. Gebrauchstexte verschiedener Art, die auf o. a. Aspekte hin untersucht, bzw. kritisiert wurden.

Ordnung der Texte nach Themenkreisen:

Werbetexte – Ferienprospekte – Kinoprogramme – Diverse Jugendzeitschriften (Bravo u. a.) – Illustrierte und Frauenzeitschriften (Frau im Spiegel u. a.) – Schullesebücher – Geschichtsbücher – Tagesberichterstattung: Politische Beiträge/kulturelle Beiträge – Literarische Texte.

Deutsch auf der neugestalteten gymnasialen Oberstufe

Ein erfahrener Praktiker legt mit dieser Buchreihe Unterrichtshilfen für Schüler und Lehrer der Grund- und Leistungskurse vor.

Robert Hippe

Mündliche und schriftliche Kommunikation

2. Aufl., 104 Seiten **Bestell-Nr. 0563–0**

Sprache – Sprache und Verständigung

Grundbegriffe der Kommunikation – Die drei Dimensionen des Zeichens – Verschiedene Arten von Zeichen – Sprache und Norm

Die Rede – Formen der Rede – Rhetorische Figuren – Analyse vorgegebener Reden – Redeanleitungen, -analysen und -sammlungen – Der Weg zur eigenen Rede – Exkurs 1: Kodierungsebenen – Exkurs 2: Die Sprache der Werbung als appellative Rede

Das Referat – Verfahrensschritte – Beurteilungskriterien – Geeignete Stoffe zur Auswahl

Die Diskussion – Analyse einer vorgegebenen Diskussion – Hinweise auf Vorbereitung, Durchführung und Zielsetzung einer Diskussion – Der Diskussionsbeitrag im sogenannten „Fünfsatz" – Die Debatte – Bericht(erstattung), Kolloquium, Vorlesung

Das Protokoll – Die Arten des Protokolls – Kriterien für die Beurteilung von Stundenprotokollen – Analyse von Protokollen

Die Inhaltsangabe – Merksätze zur Abfassung – Verfahrensschritte – Analyse von Inhaltsangaben – Geeignete Stoffe zur Auswahl

Die Erörterung – Merksätze zur Abfassung – Analyse von Erörterungen – Geeignete Stoffe zur Auswahl.

Robert Hippe

Umgang mit Literatur

2. Auflage, 116 Seiten **Bestell-Nr. 0564–9**

Definition von Literatur – Grundformen von Literatur – Merkmale der Lyrik – Merkmale der Epik – Merkmale der Dramatik – Formprobleme der Literatur – Aufbauprobleme in der Literatur – Arten der Interpretation – Was ist Interpretation – Literatur und Wirklichkeit u. v. a.

Robert Hippe

Sprach- und Textbetrachtungen

132 Seiten **Bestell-Nr. 0569–X**

Sprachbetrachtung

Historisch – Theorien über die Entstehung der Sprache(n) – Die indogermanische (idg.) Sprachfamilie – Die geschichtliche Entwicklung des Hochdeutschen – Lehn- und Fremdwörter – Sprachrätsel und Sprachspiele – Auswahl-Bibliographie.

Systematisch – Grammatik – Die traditionelle Grammatik – Die generative Transformationsgrammatik – Die strukturelle Grammatik.

Textbetrachtung

Allgemeines – Definition von Text – Textsorten – Beispiele – Übungen – Auflösung der Rätsel.

Robert Hippe

Textanalysen

mit Aufgaben und Übungen
2. Aufl., 120 Seiten **Bestell-Nr. 0586–X**

Einleitung: Über Text, Textbeschreibung und Textanalyse

I. Fiktionale (literarische) Texte
Lyrik
(Barock, Sturm und Drang, Klassik, Romantik, Realismus, Expressionismus, Hofmannsthal und Rilke, Lyrik nach 1945, Motivgleiche Gedichte). Jeweils an Beispielen erklärt.
Epik
(Roman, Novelle, Märchen, Fabel, Kurzgeschichte, Sonderform des Essays)
Dramatik
II. Unterhaltungs- und Trivialliteratur
III. Nicht-fiktionale (nicht literarische) Texte
Werbetexte – Gesetzestexte – Kochrezepte – Redetext (rhetorischer Text)

Robert Hippe

Der deutsche Aufsatz auf der neugestalteten gymnasialen Oberstufe

Anleitungen – Ausarbeitungen – Gliederungen. Hinweise und Themenvorschläge, Methoden und Beispiele.
160 Seiten **Bestell-Nr. 0592–4**

Vom Besinnungs-Problemaufsatz über die Facharbeit zum literarischen Aufsatz beinhaltet der Band Themenkreise wie Textanalysen, Erörterung, Referat, Inhaltsangaben und Hinweise zur Arbeitstechnik. Viele Beispiele aus verschiedenen Themenkreisen runden das Buch ab.
Für Lehrer und Schüler zur Unterrichtsvorbereitung ein nützliches Hilfsmittel.

Robert Hippe

Kurzgefaßte deutsche Grammatik und Zeichensetzung

7. Auflage, 72 Seiten **Bestell-Nr. 0515–0**

Ein Abriß der deutschen Grammatik systematisch und fundamental dargeboten; beginnend mit den Wortarten, Betrachtung der Satzteile und Nebensätze bis zu den Satzzeichen, Beispiele durchsetzen das Ganze, und Lösungen sollen Fehler auffinden helfen. Ein nützliches in Tausenden von Exemplaren bewährtes Übungs- und Nachhilfebuch.

Robert Hippe

Interpretationen zu 62 ausgewählten motivgleichen Gedichten

mit vollständigen Gedichtstexten
5. Auflage, 102 Seiten **Bestell-Nr. 0587–7**

Der Verfasser hat die wiedergegebenen Interpretationen und Auslegungen in langen Gesprächen und Diskussionen mit Oberprimanern erarbeitet. Die hier angebotenen Deutungsversuche erheben keinen Anspruch auf die einzig möglichen oder richtigen, sondern sollen Ausgangspunkte für Weiterentwicklungen und Erarbeitungen sein.

Aus dem Inhalt: Themen wie Frühling – Herbst – Abend und Nacht – Brunnen – Liebe – Tod – Dichtung u. v. a.

Robert Hippe

Interpretationen zu 50 modernen Gedichten

mit vollständigen Gedichtstexten
3. Auflage, 136 Seiten **Bestell-Nr. 0597–5**

Der vorliegende Band verspricht Interpretationshilfe und Deutungsversuche – in unterschiedlicher Dichte und Ausführlichkeit – für 50 moderne Gedichte. Materialien und Auswahlbibliographie geben den Interessenten Hilfen für den Deutsch- und Literaturunterricht. Für den Lehrer eine echte Bereicherung zur Vorbereitung des Unterrichts.

Aus dem Inhalt: Lasker-Schüler – Hesse – Carossa – Benn – Britting – Brecht – Eich – Kaschnitz – Huchel – Kästner – Bachmann – Piontek – Celan – Härtling – Reinig – Grass – Enzensberger u. v. a.

Robert Hippe

Der Oberstufenaufsatz

7. Auflage, 128 Seiten **Bestell-Nr. 0583–5**

Merksätze für das Abfassen von Oberstufen-Aufsätzen.

Der Besinnungs- oder Problemaufsatz, Charakteristik, Stimmungsbild, Facharbeit, Überlegung zur Themenkritik. Dazu jeweils Lösungsschlüssel.
Versuch eines systematischen Aufrisses der Aufsatzarten und Varianten.
Anhand von Schüleraufsätzen werden deren Vorzüge und Schwächen aufgezeigt.

Robert Hippe

Kurzgefaßte deutsche Rechtschreiblehre

64 Seiten **Bestell-Nr. 0545–2**

Im ersten Teil dieses Buches findet man die wichtigsten Regeln der deutschen Rechtschreibung.

Der zweite Teil besteht aus 36 Übungstexten zu diesen Regeln zum Erlernen, Einprägen und Wiederholen. Die Lösungen am Schluß des Bandes dienen zur Kontrolle.

Robert Hippe

Der Unter- und der Mittelstufenaufsatz

6. Auflage, 84 Seiten **Bestell-Nr. 0519–3**

Anleitungen – Ausarbeitungen – Gliederungen – Themenvorschläge u. v. a.
jeweils mit Lösungsschlüssel

A. Unterstufe
Erlebnisschilderung oder -erzählung
Vorgangsschilderung oder -erzählung
Die Nacherzählung, die Erklärung oder Arbeitsanweisung, Vorgangsbericht oder Beschreibung, Inhaltsangabe

B. Mittelstufe
Die Schilderung, Stimmungsbild, Charakteristik, Bericht und Inhaltsangabe, sachliches Schreiben, Facharbeit, Erörterung u. a.

Interpretationen motivgleicher Gedichte in Themengruppen

mit vollständigen Gedichtstexten

Band 1: Edgar Neis

Der Mond in der deutschen Lyrik

80 Seiten **Bestell-Nr. 0620–3**

Arp – Bischoff – Borchert – Boretto – Britting – Brokkes – Bürger – Claudius – Däubler – Droste- Hülshoff – Geibel – Gleim – Goethe – Härtling – Heine – Holz – Klopstock – Krähenbühl – Krolow – Lange – Lehmann – Leonhard – Lichtenstein – zur Linde – Maurer – Morgenstein – Rasche – Rühmkorf – v. Stollberg – Trakl – v. d. Vring – Werfel – Wiens.

Band 2: Edgar Neis

Politische-soziale Zeitgedichte

2. Auflage, 112 Seiten **Bestell-Nr. 0621–1**

Bachmann – Biermann – Brecht – Bürger – Celan – Dehmel – Domin – Enzensberger – Le Fort – Freiligrath – Gryphius – Hädecke – Hagelstange – Heine – Herwegh – Keller – Kerr – Logau – Marti – Platen – Sabias – Salis – Schenkendorf – Schiller – Schreiber – Schubart – Tucholsky – W. v. d. Vogelweide – Weitbrecht – Wildenbruch.

Band 3: Edgar Neis

Der Krieg im deutschen Gedicht

2. Auflage, 112 Seiten **Bestell-Nr. 0622–X**

Bender – Benn – Biermann – Binding – Brambach – Brecht – Claudius – Dehmel – Eich – Flex – Le Fort – Fried – Gleim – Goethe – Hakel – Heise – Heym – Hölderlin – Höllerer – Huchel – Jahn – Jean Paul – Kaschnitz – Kästner – Körner – Leip – Lersch – Leonhard – Liliencron – Logau – Menzel – Mosen – Mühsam – Münchhausen – Neumann – Nick – W. Paul – Sachs – Schiller – Schnurre – Schuhmann – Stramm – Toller – Toussel – Trakl – Tumler – Vogel – Wiechert.

Band 4: Robert Hippe

Die Liebe im deutschen Gedicht

2. Auflage, 80 Seiten **Bestell-Nr. 0623–8**

Benn – Brecht – Eichendorff – George – Gleim – Goethe – Günther – Hesse – Hofmannsthal – Jacobi – Kästner – Krolow – Lasker-Schüler – Lenau – Liliencron – C. F. Meyer – H. v. Mohrungen – Mörike – Münchhausen – Opitz – Reinig – Rilke – Storm – Stramm – W. v. d. Vogelweide – Weickherlin.

Band 5: Robert Hippe

Der Tod im deutschen Gedicht

2. Auflage, 80 Seiten **Bestell-Nr. 0624–6**

Bächler – Benn – Brecht – Celan – Claudius – Droste-Hülshoff – Eich – Goethe – Gryphius – Hesse – Heym – Hofmannsthal – Hofmannswaldau – Höllerer – Kaltneker – Keller – Klopstock – C. F. Meyer – Mörike – Nick – Nietzsche – Novalis – Rilke – Schiller – Storm – Stramm – Trakl – Uhland.

Band 6: Robert Hippe

Die Jahreszeiten im deutschen Gedicht

2. Auflage, 80 Seiten Bestell-Nr. 0625–4

Benn – Britting – Claudius – George – Gerhardt – Goes – Goethe – Hagedorn – Heine – Hebbel – Hesse – Hofmannsthal – Hölderlin – Hölty – Huchel – Lenau – Logau – C. F. Meyer – Mörike – Rilke – Stadler – Storm – Trakl – Uhland – W. v. d. Vogelweide.

Band 7: Robert Hippe

Deutsche politische Gedichte

2. Auflage, 68 Seiten **Bestell-Nr. 0626–2**

Baumann – Biermann – Becher – Below – Brecht – Delius – Enzensberger – Fried – Fürnberg – Gomringer – Grass – Heine – Hoffmann v. Fallersleben – Holzapfel – Karsunke – Kunert – Luckhardt – Morawietz – Pottier – Radin – v. Saar – Scherchen – Schneckenburger – U. Schmidt – Schumann – Vesper – Walraff – Weinheber – Wessel – Zimmering.

Band 8: Edgar Neis

Die Welt der Arbeit im deutschen Gedicht

100 Seiten **Bestell-Nr. 0627–0**

Barthel – Bartock – Billinger – Brambach – Bröger – Chamisso – Dehmel – Dortu – Engelke – Freiligrath – Grisar – Heine – Herwegh – Jünger – Krille – Lersch – Lessen – Naumann – Petzold – Pfau – Piontek – Rilke – Schreiber – Seidel – Weerth – Weinheber – Wieprecht – Winckler – Zech.

Band 9: Edgar Neis

Deutsche Tiergedichte

136 Seiten **Bestell-Nr. 0628–9**

Barth – Bergengruen – Billinger – Boretto – Brecht – Britting – Busch – Claes – Dauthendey – Dehmel – Domin – Droste-Hülshoff – Eggebrecht – Eich – Freiligrath – Gellert – Gleim – Goethe – Grillparzer – Groth – Härtling – Hagedorn – Haushofer – Hausmann – Hebbel – Heine – Hesse – Huchel – F. G. Jünger – W. Lehmann – Liliencron – A. G. Kästner – Keller – Kolmar – Krolow – C. F. Meyer – Morgenstern – Pfeffel – Piontek – Rilke – Ringelnatz – Eugen Roth – N. Sachs – Schaefer – Trakl – Vring – Weinheber – Wiedner – Zachariae – Zuckmayer.

Band 10: Edgar Neis

Städte und Landschaften im deutschen Gedicht

168 Seiten **Bestell-Nr. 0629–7**

Teil I: Borchert – Sidow – Guesmer – Rilke – Grass – Le Fort – Karsunke – Aue – Zeller – Loerke – Fontane – Eich – Bleisch – Körner – Hauptmann – Bobrowski – Stadler – Goll – Reinfrank – Kunze – Zech – Becker – Droste-Hülshoff – Busta – Heine – Altenbernd – Wiedner – Stoltze – Kaschnitz – Hannsmann – Schnack – Hölderlin – Barthel – Mörike – Britting – George – Roth.

Teil II: Fontane – Heise – Kalkreuth – Zweig – Rilke – Rheiner – Goll – Salus – Brecht – Bachmann – Lehmann – Wagner – Benn – Schneider – v. Platen – Huchel – Hesse – Krappen – Kaschnitz – Celan – Britting – Kasack – Krauss – Boretto – Schaefer – Bachmann – v. d. Vring.

Interpretationen zeitgenössischer Kurzgeschichten

Edgar Neis

5. Auflage, 80 Seiten **Bestell-Nr. 0600–9**

Band 1: Aichinger, Puppe – Bender, Schafsblut – Bergengruen, Fahrt des Herrn von Ringen – Böll, Ungezählte Geliebte – Brecht, Unwürdige Greisin – Britting, Märchen vom dicken Liebhaber – Ernst, Förster und Wilddieb – Le Fort, Turm der Beständigkeit – Hochhuth, Berliner Antigone – Hofmannsthal, Lucidor – Kafka, Ehepaar – Kaschnitz, Das dicke Kind / Schneeschmelze – Kühner, Es gibt doch noch Wunder – Malecha, Probe – Risse, Gottesurteil – O. Schaefer, Frühe Vision – W. Schäfer, Mozarts Begräbnis – Schnabel, Hundert Stunden vor Bangkok / Sie sehen den Marmor nicht.

Robert Hippe

5. Auflage, 80 Seiten **Bestell-Nr. 0601–7**

Band 2: Andres, Trockendock – Benn, Gehirne – Bergengruen, Arzt von Weißenhasel / Legende von den zwei Worten – Böll, Bahnhof von Zimpren / Besenbinder / Erinnerungen eines jungen Königs / So ein Rummel – Brecht, Augsburger Kreidekreis – Döblin, Ermordung einer Butterblume – Dürrenmatt, Tunnel – Eich, Stelzengänger – Franck, Das verstandene Gedicht – Gaiser, Ein Mensch, den ich erlegt habe – Hampel, Das mit dem Mais – Hildesheimer, Eine größere Anschaffung – Kafka, Kübelreiter / Sorge des Hausvaters – Kasack, Mechanischer Doppelgänger – Langgässer, Die getreue Antigone / Untergetaucht – Musil, Portugiesin – Risse, Verkehrsunfall – Schnurre, Ein Fall für Herrn Schmidt.

Karl Brinkmann

4. Auflage, 80 Seiten **Bestell-Nr. 0602–5**

Band 3: Aichinger, Plakat – Alverdes, Die dritte Kerze – Böll, Damals in Odessa / Mann mit den Messern / Lohengrins Tod / Wanderer kommst du nach Spa . . . – Borchert, Die lange, lange Straße lang / Generation ohne Abschied / Lesebuchgeschichten – Eisenreich, Ein Augenblick der Liebe – Gaiser, Brand im Weinberg / Du sollst nicht stehlen – Langgässer, Die zweite Dido / Glück haben – Lenz, Jäger des Spottes – Schnurre, Die Tat – Spang, Seine große Chance – Spervogel, Hechtkönig – Wiechert, Hauptmann v. Kapernaum / Hirtenknabe.

Martin Pfeifer

4. Auflage, 84 Seiten **Bestell-Nr. 0603–3**

Band 4: Aichinger, Hauslehrer / Nichts und das Boot – Bender, Die Wölfe kommen zurück – Böll, Über die Brücke / Es wird etwas geschehen – Brecht, Mantel des Ketzers – Britting, Brudermord im Altwasser – Eich, Züge im Nebel – Ernst, Das zweite Gesicht – Fallada, Lieber Hoppepoppel – Franck, Taliter – Hesse, Beichtvater / Bettler – Johnson, Jonas zum Beispiel – Kusenberg, Eine ernste Geschichte – Langgässer, Saisonbeginn – Le Fort, Frau des Pilatus – Meckauer, Bergschmiede – Pohl, Yannis letzter Schwur – Rinser, David – Schäfer, Hirtenknabe – Schallück, Der Tod hat Verspätung – v. Scholz, Das Inwendige – Walser, Ein schöner Sieg – Weisenborn, Aussage.

Edgar Neis

3. Auflage, 56 Seiten **Bestell-Nr. 0604–1**

Band 5: Borges, Das geheime Wunder – Calderón, Invasion – Callaghan, ein sauberes Hemd – Campos, Solidarität – Carson, Ein Mädchen aus Barcelona – Hemingway, Die Killer – Huxley, Schminke – Joyce, Eveline – Katajew, Die Messer – Mansfield, Für sechs Pence Erziehung – Manzoni, Die Repräsentiertasse – Olescha, Aldebaran – Saroyan, Vom Onkel des Barbiers, dem von einem Zirkustiger der Kopf abgebissen wurde – Sartre, Die Mauer – Timmmermans, Die Maske.

Karl Brinkmann

3. Auflage, 80 Seiten **Bestell-Nr. 0605–X**

Band 6: Andersch, Sehnsucht nach Sansibar – Böll, Wie in schlechten Romanen / Undines gewaltiger Vater – Gaiser, Das Wespennest / Fünfunddreißig Meter Tüll / Der Motorradunfall – Grass, Der Ritterkreuzträger – Hildesheimer, Nächtliche Anrufe – Holthaus, Geschichten aus der Zachurei / Allgemeines / Wo liegt Zachzarach / Das Wirtshaus Zum Vollautomatischen Bären – Lenz, Masurische Geschichte / Der Leseteufel / So schön war mein Markt / Der große Wildenberg – Kramp, Was der Mensch wert ist – Reding, Die Bulldozer kamen / Während des Films / Jerry lacht in Harlem / Fahrerflucht – Schnurre, Wovon der Mensch lebt – Walser, Die Artikel, die ich vertrete.

Rudolf Kanzler

64 Seiten **Bestell-Nr. 0606–8**

Band 7: Aichinger, Die Silbermünze – Altendorf, Der Knecht Persenning – Andersch, Ein Auftrag für Lord Glouster – Bauer, Hole deinen Bruder an den Tisch – Britting, Der Gang durchs Gewitter – Dörfler, Die Kriegsblinde – Hesse, Das Nachtpfauenauge – Hildesheimer, Der Urlaub – Kaschnitz, Gespenster – Lenz, Die Nacht im Hotel – Th. Mann, Das Eisenbahnunglück – Noack, Die Wand – Ohrtmann, Der Sched ist wieder da – Rinser, Der fremde Knabe – Schallück, Unser Eduard – Wiechert, mein erster Adler.

Edgar Neis

80 Seiten **Bestell-Nr. 0607–6**

Band 8: Andersch, Grausiges Erlebnis – Bachmann, Alles – Bender, In der Gondel / Fondue – Bichsel, Tochter – Bobrowski, Epitaph für Pinnau – Bolliger, Verwundbare Kindheit – Brecht, Wiedersehen – Eisenreich, Der Weg hinaus – Fritz, Schweigen vieler Jahre – Fühmann, Judenauto / Schöpfung – Gaiser, Gazelle grün – Heissenbüttel, Wassermaler – Kaschnitz, Das rote Netz – Kunert, Fahrt mit der S-Bahn – Nossack, Das Mal – Reinig, Drei Schiffe – A. Schmidt, Resümee – Walser, Tänzer / Knabe – Wohmann, Ich Sperber / Der Schwan / Knurrhahn-Sti .

Robert Hippe

72 Seiten **Bestell-Nr. 0608–4**

Band 9: Aichinger, Fenster-Theater – Bichsel, Holzwolle – Brecht, Vier Männer und ein Pokerspiel – Frank, Die Monduhr – Fuchs, Gedankenaustausch – Geißler, Kalte Zeiten III – Heckmann, D e Wohltaten des Löffels / Das Henkersmahl – Holthaus, Wahrhaftige Geschichte von der Spazierfahrt – Kaschnitz, Popp und Mingel / Christine – Klose, Am roten Forst – Kunert, Andromeda zur Unzeit – Lenz, Die große Konferenz – Magiera, In den Sand geschrieben – Marti, Neapel sehen – Mechtel, Ein kleiner Tag – Nossack, Helios GmbH – Novak, Schlittenfahren – Weissenborn, Die Stimme des Herrn Gasenzer / Die Sache mit Dad – Wohmann, Denk immer an heut' nachmittag – Weyrauch, Mit dem Kopf durch die Wand – Wohmann, Die Klavierstunde – Zeller, Der Turmbau.

Edgar Neis

80 Seiten **Bestell-Nr. 0609–2**

Band 10: Bernhard, Die Mütze – Bichsel, San Salvador / Ein Tisch – Bobrowski, Lipmanns Leib – Brecht, Das Experiment – Brückner, Lewan / Schwierigkeiten beim Ausfüllen eines Meldezettels / Ein Pferd ist ein Pferd – Dürrenmatt, A's Sturz – Gaiser, Fällung eines Teichs – Hildesheimer, Nachtigall – F. G. Jünger, Urlaub – Kaschnitz, Eisbären – Koeppen, Baseballspieler – Kunert, Zirkuswesen – Musil, Das Fliegenpapier – Novak, Abgefertigt – Reinig, Skorpion – A. Schmidt, Sommermeteor – Weyrauch, Beginn einer Rache.

Wolfgang Kopplin

Kontrapunkte

160 Seiten **Bestell-Nr. 0547–9**

Kontroversinterpretationen zur modernen deutschsprachigen Kurzprosa.

Prosatexte, zwischen 1963 und 1975 entstanden, dienen dem Autor dazu, die dialektische Methode des Pro und Kontra als Interpretationsansatz anzuwenden. Dem Primärtext schließen sich jeweils die Kontroversinterpretationen an. Ein Buch, welches Anregungen zum Verstehen und zur Entschlüsselung von Texten gibt.

Inhalt: Texte von Artmann – Bichsel – Dellin – Gerz – Gregor – Kunert – Reinig – Schnurre u. a. werden in einer Pro- und Kontra-Interpretation vorgestellt.

Albert Lehmann

Erörterungen

Gliederungen und Materialen
Methoden und Beispiele

2. verb. Auflage, 160 Seiten **Bestell-Nr. 0637–8**

Die vorliegende Sammlung von 52 Gliederungen, die durch Erläuterungen – vornehmlich Beispiele – zu den einzelnen Gliederungspunkten erweitert sind, sollen die Wiederholung des Jahresstoffes erleichtern.

Stoffkreisthemen: Natur – Tourismus – Technik – Freizeit – Arbeit/Beruf – Konflikte zwischen den Generationen – Die Stellung der Frau in der Gesellschaft – Entwicklungsländer – Sport – Massenmedien und viele Einzelthemen.

Für Lehrer ein unentbehrliches Nachschlage- und Vorbereitungsbuch.

Birgit Lermen / Matthias Loewen

Trickfilm als didaktische Aufgabe

Band 1: Sekundarstufe I
232 Seiten – Fotos, kart. **Bestell-Nr. 0618–1**

Band 2: Sekundarstufe II
216 Seiten – Fotos, kart. **Bestell-Nr. 0619–X**

Die Untersuchung über den Trickfilm als didaktische Aufgabe trägt der unterschiedlichen Ausgangslage in den beiden Stufen des Sekundarunterrichts Rechnung durch die Aufteilung in zwei Bände.

Band 1 stellt sich gezielt auf die Bedürfnisse und Erwartungen der Sekundarstufe I ein. Aus der Eigenart des Mediums Trickfilm wird ein Analyse-Instrumentarium entwickelt, dessen Brauchbarkeit an 13 Filmen unterschiedlicher Herkunft erprobt wird. Auf der damit geschaffenen Grundlage wird ein didaktisch-methodisches Konzept erstellt.

Band 2 orientiert sich an den Bedürfnissen der Sekundarstufe II. Eine semiotische Einführung erweitert und vertieft die in Band I erstellte Grundlage. Im Mittelpunkt stehen wieder die Einzelanalysen, deren Zahl des größeren Umfangs wegen auf zwölf reduziert ist.

Wie in Band I soll beides – Analysen und Einführung – als Basis dienen für didaktische Fragestellungen und Entscheidungen.

Die Auswahl der Filme wurde in beiden Bänden bestimmt durch:

a) das Ausleihangebot der Stadt- und Kreisbildstellen in der Bundesrepublik,
b) die ästhetische Qualität,
c) die thematische Relevanz,
d) die didaktische Potenz.

Martin H. Ludwig

Das Referat

Kurze Anleitung zu einer Erarbeitung und Abfassung für Schüler und Studenten.

geh. **Bestell-Nr. 0646–7**

Planen und Sammeln – Bibliographieren – Schreiben und Zitieren – Lesen und Notieren – Auswerten und Gliedern – Der Text – Der Vortrag.

Methoden und Beispiele der Kurzgeschichten-Interpretation

2. Auflage, 64 Seiten **Bestell-Nr. 0585–1**

Herausgegeben und erstellt von einem Arbeitskreis der Pädagog. Akademie Zams.

Methoden: Werkimmanente, existenzialistische, grammatische, stilistische, strukturelle, kommunikative, soziologische, geistesgeschichtliche, historisch/biographisch/symbolistische Methode.

Beispiele: Eisenreich – Cortázar – Dürrenmatt – Brecht – Horvath – Bichsel – Kaschnitz – Lenz – Weißenborn – Rinser – Borchert – Nöstlinger – Wölfel – Langgässer.

An Beispielen ausgewählter Kurzgeschichten werden die einzelnen Methoden der Interpretation demonstriert und erläutert. Information und Nachschlagewerk für den Unterricht in den Sekundarstufen.

Edgar Neis

Das neue große Aufsatzbuch

– Methoden und Beispiele des Aufsatzunterrichts für die Sekundarstufen I und II –
212 Seiten, kart. **Bestell-Nr. 0636–X**

Inhalt:
Zur Technik des Aufsatzschreibens – Stoffsammlung und Disposition – Wie schreibe ich eine Charakteristik? – Wie schreibe ich eine Erörterung? – Der dialektische Besinnungsaufsatz – Themen und Aufsätze zu Problemen unserer Zeit – Aufsätze zur Literatur – Wege der Texterschließung – Interpretationshinweise – Fachbegriffe der Aufsatzlehre (Lexikon der Terminologien) – Vorschläge für Aufsatzthemen – Themenkatalog für das Ende des 20. Jahrhunderts – Literaturnachweis.
Dieses Buch richtet sich an Lehrer und Schüler von Haupt-, Real- und Oberschulen (Gymnasien).
Breit einsetzbar in Grund- und Leistungskursen.

Edgar Neis

Deutsche Diktatstoffe

–Unterstufe–

3. bis 7. Jahrgangsstufe
5. Auflage, 64 Seiten Bestell-Nr. 0524–X

– Mittel- und Oberstufe –

8. bis 13. Jahrgangsstufe
4. Auflage, 72 Seiten Bestell-Nr. 0525–8

Beide Bände sollen der Einübung und Wiederholung der Rechtschreibung und Zeichensetzung dienen.
Jeder Band gliedert sich in zwei Teile, einen systematischen Teil, der zielbewußter Einübung von Wörtern, deren Schreibung Schwierigkeiten bereitet, dient und einen allgemeinen Teil. Dieser bringt zusammenhängende Diktatstoffe aus dem deutschen Schrifttum. Die Namen der Verfasser bürgen für die Stilhöhe der einzelnen Texte.

Edgar Neis

Interpretationen von 66 Balladen, Erzählgedichten und Moritaten

Analysen und Kommentare
3. Auflage, 176 Seiten **Bestell-Nr. 0590–8**

Balladen des 18., 19. und 20. Jahrhunderts werden in diesem für Lehrer, Studenten und Schüler bestimmten Band ausführlich interpetiert und durch Erklärungen Verständnis für diese Art Dichtung geweckt. Eine unentbehrliche Hilfe für den Deutsch- und Literaturunterricht.
Aus dem Inhalt: Bürger – Herder – Goethe – Schiller – Uhland – Eichendorff – Heine – Droste-Hülshoff – Miegel – Brecht – Huchel – Celan – Chr. Reinig – Kunert u. v. a.

Edgar Neis

Interpretationen motivgleicher Werke der Weltliteratur

2. Auflage, je 144 Seiten
Dramatische, epische und lyrische Gestaltung der bekanntesten Stoffe der Weltliteratur werden mit knappen Inhaltsangaben vorgestellt und miteinander vergleichend interpretiert.

Band 1:

Mythische Gestalten

Bestell-Nr. 0548–7

Alkestis – Antigone – Die Atriden (Elektra / Orest) – Iphigenie – Medea – Phädra

Band 2:

Historische Gestalten

Bestell-Nr. 0549–5

Julius Caesar – Coriolan – Der arme Heinrich – Die Nibelungen – Romeo und Julia – Jeanne d'Arc / Die Jungfrau v. Orleans – Johann Joachim Winckelmann

Edgar Neis

Verbessere Deinen Stil

2. Auflage, 120 Seiten **Bestell-Nr. 0539–8**

Der Autor versucht im vorliegenden Band vom grundlegenden Schema über Wortwahl und Satzgestaltung den Interessierten zu einer guten Ausdrucksform zu führen.
Stil ist erlernbar, deshalb wurden im 2. Teil viele künstlerisch gestaltete, stilvolle Beispiele wiedergegeben.

Edgar Neis

Wie interpretiere ich ein Drama?

Methoden und Beispiele
224 Seiten **Bestell-Nr. 0633–8**

Erstbegegnungen mit dramatischen Formen – Methode des Interpretierens – Wege zur Erschließung und Analyse eines Dramas.
Arbeit am Detail: Titel, Personen, Handlung, Aufbau, Sprache, Realisation, Bühnengestaltung, Regieanweisungen, sozio-kulturelle und historische Einordnung usw.
Modellinterpretationen – Zur Theorie des Dramas – Literaturverzeichnis.
Interessenten: Lehrer und Schüler aller Schulgattungen.

Edgar Neis

Wie interpretiere ich Gedichte und Kurzgeschichten?

12. Auflage, 208 Seiten **Bestell-Nr. 0530–3**

Ein „Grundkurs", die Kunst der Interpretation zu erlernen und zu verstehen. Die tabellarischen Leitlinien führen den Benutzer des Buches zum Verständnis für diese Gattung der Poesie. Anhand von zahlreichen durchgeführten Interpretationen ist dieses Buch ein unentbehrliches Hilfsmittel für Schüler und Lehrer.

Reiner Poppe

Rechtschreibung

Texte und Übungen für die Klassen 5 und 6

196 Seiten **Bestell-Nr. 0595–9**

Zum Selbstunterricht mit Hinweisen zur Handhabung sowie didaktischen und methodischen Anleitungen für Unterrichtende.

Zu ausgewählten Rechtschreibschwierigkeiten wurden **Texte mit vielgestaltigen Übungen** in Einzelkapiteln zusammengefaßt. Jede Textgruppe ist mit einer knappen **Zusammenfassung** des voraufgegangenen Lernstoffes sowie **Erprobungsdiktaten** abgeschlossen. Testdiktate beschließen den Übungsteil. Es wurde besonders darauf geachtet, daß der Lernende Schwierigkeiten bewußt erfährt, **Lösungswege** und **Hilfen eigenständig** formuliert und **systematisch** üben kann.

Klaus Sczyrba

Komm, wir schreiben!

Rechtschreibübungsheft für das 2. und 3. Schuljahr

Format: DIN A4 – 40 farbige Illustrationen

36 Seiten, kart. **Bestell-Nr. 0614–9**

Freude ist der Motor zum Erfolg. Nach diesem Grundsatz will der Autor den Kindern durch die lustbetonte, sehr abwechslungsreiche Art dieses Heftes den Weg zu Rechtschreibsicherung leicht machen.
In frohem Tun werden fast unauffällig fundamentale Kenntnisse der Rechtschreibung angeeignet, ohne daß die Kinder dabei den Eindruck des Übens haben.

Klaus Sczyrba

Komm, wir schreiben!

Rechtschreibübungsheft für das 3. und 4. Schuljahr

Format: DIN A4 – 60 farbige Illustrationen

60 Seiten, kart. **Bestell-Nr. 0616–5**

Alle Übungen für die Kinder des 3. und 4. Schuljahres sind so angelegt, daß sie mit Freude durchgeführt werden. Sie enthalten kurzweilige Aufgaben, Reime und Rätsel. Die Richtigkeit der Lösungen kann leicht selbst überprüft werden.
Üben ist für Kinder oft freudlos und langweilig. Bei diesem Heft spüren sie aber nicht, daß „nur geübt" wird. In froher, zielstrebiger Arbeit wird fast unbewußt die Rechtschreibfertigkeit gesteigert.

Klaus Sczyrba

Lebensnahe Diktate

für die Grundschule mit angegliederten Übungsmöglichkeiten für das **2. bis 4. Schuljahr**

152 Seiten **Bestell-Nr. 0610–6**

Dieses Übungsbuch ist aus der Erfahrung langjähriger Schularbeit entstanden und soll den Kindern vom 2. bis 4. Schuljahr helfen, ihre Rechtschreibleistungen zu verbessern.
Dazu werden 150 Diktate geboten, die in Ausmaß und Schwierigkeitsgrad dem Alter der Kinder entsprechen.
Zur vertiefenden Behandlung aller Rechtschreibbereiche sind jedem Diktat eine Reihe Übungsmöglichkeiten beigefügt.

Klaus Sczyrba

Neue lebensnahe Diktate

mit zahlreichen Übungsmöglichkeiten für das **2. bis 10. Schuljahr**

312 Seiten **Bestell-Nr. 0611–4**

Wie in den früheren Ausgaben dieses Buches werden hier wieder über 200 Diktate geboten, die in Ausmaß und Schwierigkeitsgrad dem Alter des Kindes entsprechen.
Der Wortschatz, der in der Folge der Diktate und Übungen mit den erforderlichen Wiederholungen rechtschreibmäßig gesichert werden soll, erweitert sich allmählich.

Klaus Sczyrba

Lebensnahe Diktate

mit zahlreichen Übungsmöglichkeiten für das **5. bis 7. Schuljahr,** und Anhang mit Lösungen

240 Seiten **Bestell-Nr. 0613–0**

In diesem Übungsbuch werden 150 Diktate geboten, die Kindern des 5. bis 7. Schuljahres helfen sollen, ihre Rechtschreibkenntnisse zu verbessern.
Zur vertiefenden Behandlung aller Rechtschreibbereiche ist jedem Diktat eine Reihe Übungsmöglichkeiten beigefügt, die Hilfen für die Klassenarbeit, aber auch für die häusliche Beschäftigung einzelner bieten sollen.

Klaus Sczyrba

Lebensnahe Diktate

125 Diktattexte mit 600 Lösungsmöglichkeiten für das **8. bis 10. Schuljahr**

210 Seiten + Lösungsteil, kart. **Bestell-Nr. 0471–5**

Das Buch will mit seinen Diktaten und Übungen zum richtigen Gebrauch unserer Sprache beitragen. Die Diktate sind nicht nur nach Rechtschreibschwierigkeiten oder zur Anwendung einer Regel konstruiert, sondern sind auf die Bedürfnisse von Zeit und Umwelt abgestimmt.
Übungsmöglichkeiten mit Lösungen machen dieses Buch für häusliches Arbeiten und für den Unterrichtsgebrauch gleichermaßen unentbehrlich.

Klaus Sczyrba

Lebensnahe Diktate

mit zahlreichen Übungsmöglichkeiten für das **5. bis 10. Schuljahr**

432 Seiten + Lösungsheft **Bestell-Nr. 0612–2**

Auch dieses Übungsbuch soll den Kindern vom 5. bis 10. Schuljahr helfen, ihre Rechtschreibleistung zu verbessern.
Die hier angebotenen 250 Diktate sind in Ausmaß und Schwierigkeitsgrad dem Alter entsprechend ausgewählt worden. Jedem Diktat ist eine Reihe Übungsmöglichkeiten beigefügt, ebenso wurde der entsprechende Wortschatz eingebracht.
Tabellen der Rechtschreibschwierigkeiten in den einzelnen Schuljahren runden dieses Übungsbuch ab.

Klaus Sczyrba

Lebensnahe Grammatik für die Grundschule

für das 2. bis 4. Schuljahr

140 Seiten **Bestell-Nr. 0673–4**

Die alltäglichen Begebenheiten zweier Kinder sind lebendige Einstiege in alle Bereiche der Grundschulgrammatik. In übersichtlicher Weise werden alle notwendigen Kenntnisse zur Beherrschung unserer Sprache kindgemäß vermittelt, die in den angegliederten Übungen angewandt werden können. So ist dieses Büchlein sehr hilfreich für den Unterricht in der Schule und die häusliche Einzelarbeit.

Klaus Sczyrba

Lebensnahe Sprachlehre in der Grundschule

50 Unterrichtsentwürfe für die Einführung aller wesentlichen Gebiete.

112 Seiten, Illustrationen, kart. **Bestell-Nr. 0615–7**

Neubearbeitete 2. Auflage

Diese Unterrichtsentwürfe haben sich als eine vielbegehrte Hilfe erwiesen und ermöglichen, daß der sonst so trockene Stoff der Sprachlehre lebensnah, auf lustbetonte Weise eingeführt wird.
Jeder Entwurf ist eine Unterrichtseinheit, die sich über einen längeren Zeitraum erstreckt. Sie wird in einem Dreischritt aufgezeigt, der von der Sprachbegegnung über die Sprachuntersuchung zur Sprachanwendung führt. Dabei wurde beachtet, daß die Kinder durch die verschiedensten Impulse verstärkt zu Spontanität und Aktivität angeregt werden.
Knappe stoffliche Vorbemerkungen und ein Freiraum für die eigene Planung umschließen jede Unterrichtseinheit.
Die „Lebensnahe Sprachlehre" ist somit durch die vielen praktischen Anregungen ein wertvolles, echtes Arbeitsbuch für den muttersprachlichen Unterricht in der Grundschule.

Englisch

Peter Luther / Jürgen Meyer

Englische Diktatstoffe
Unter- und Mittelstufe

64 Seiten, kart. **Bestell-Nr. 0647–5**

Beginnend mit einfachsten Texten und Erklärungen wird hier der Benutzer der Bücher mit der englischen Grammatik, Wortlehre und Rechtschreibung vertraut gemacht. Die Texte geben Hinweise auf die Vorbereitung zur Nacherzählung und sind gestaffelt nach Schwierigkeiten und Themengruppen. Worterklärungen und Übungen zur Selbstkontrolle runden den Band ab.

Jürgen Meyer / Gisela Schulz

Englische Synonyme als Fehlerquellen
Übungssätze mit Lösungen

116 Seiten, kart. **Bestell-Nr. 0596–7**

Dieses Übungsbuch will helfen, die im Bereich der Synonymie immer wieder auftretenden Fehler zu vermeiden.
Die Aufstellung beruht auf Beobachtungen, die die Verfasser im Unterricht gemacht haben und erhebt keinen Anspruch auf Vollständigkeit. Die Übungssätze wurden so formuliert, daß die wichtigen Bedeutungsnuancen so klar wie möglich hervortreten. Die zur Kontrolle beigefügten Lösungen geben an, ob und wo Fehler gemacht worden sind.

Jürgen Meyer

Deutsch-englische / englisch-deutsche Übersetzungsübungen

9. bis 13. Klasse

104 Seiten **Bestell-Nr. 0594–0**

Texte für Fortgeschrittene, die ihre Kenntnisse in Wortanwendung und Grammatik erweitern und überprüfen wollen.
Zu den zeitgemäßen deutschen Texten wurden die Vokabeln und deren Anwendungsmöglichkeiten gegeben und erklärt.
Am Schluß des Bandes die englischen Texte zur Kontrolle.
Breit einsetzbar in den Sekundarstufen, Grund- und Leistungskursen.

Jürgen Meyer

Übungstexte zur englischen Grammatik

9. bis 13. Klasse

96 Seiten, kart. **Bestell-Nr. 0567–3**

Der Band enthält Übungsmaterial zu aktuellen Fragen, u. a. Sachtexte zu Personen, wissenschaftlichen Entdeckungen und zeitgeschichtlichen Ereignissen, die über das heutige Großbritannien und die USA informieren. Die Texte sind mit ausführlichen Hinweisen zu den Vokabeln sowie Übungen zur Syntax und zum Wortschatz versehen. Diskussionsvorschläge und ein sorgfältig aufbereiteter Schlüssel bieten zusätzliche Unterrichtshilfen. Das Buch ist sowohl für Gruppenarbeit als auch für das Selbststudium gut geeignet.

Edgar Neis

Übungen zur englischen Herübersetzung

108 Seiten **Bestell-Nr. 0542–8**

Das Übungsbuch richtet sich an den Schüler, der ohne Hilfe eines anderen selbständig die Fertigkeit des Übersetzens aus dem Englischen erlernen will. 38 Texte aus Literatur und Sachschrifttum, jeweils mit Vokabelangaben versehen, kann der Übende ins Deutsche übertragen und anhand des Lösungsteils auf seine Richtigkeit hin überprüfen.
Die Texte eignen sich im Unterrrichtsgebrauch als Übungen zu Nacherzählung und Grammatik.

Edgar Neis

Wie schreibe ich gute englische Nacherzählungen?

6. Auflage, 84 Seiten, kart. **Bestell-Nr. 0526–6**

Langjährige, im gymnasialen Englischunterricht auf der Mittel- und Oberstufe sowie bei zahlreichen Abiturprüfungen gewonnene Erfahrungen haben zur Herausgabe dieses Buches geführt. Texterfassung und -darstellung, Wortschatzerweiterung, Regeln der Stillehre, Erzählstil, idiomatische Redewendungen, Homophone, unregelmäßige Verben, Comment u. v. a.
Musterbeispiele als Vorlagen für Lernende.

Edgar Neis

Englische Nacherzählungen der siebziger Jahre

72 Seiten, kart. **Bestell-Nr. 0527-4**

Im vorliegenden Band findet der Übende Texte, welche im heutigen Schulunterricht bevorzugt benutzt werden. Diese unterscheiden sich gegenüber früheren Nacherzählungstexten durch gesteigerte Aktualität und Zeitnähe. Als Diktatstoffe für die Mittelstufe einsetzbar.

Reiner Poppe

Englische Nacherzählungen
Unter- und Mittelstufe

96 Seiten, kart. **Bestell-Nr. 0566-5**

Der Band enthält 62 Texte unterschiedlicher Länge und Schwierigkeit. Den Texten zur engl. und amerik. Geschichte sowie zu aktuellen Gegebenheiten sind method. Anleitungen für die mögliche Behandlung vorangestellt. Es ist hier besonders an den Selbst- oder Nachhilfeunterricht gedacht. Besonderer Wert wurde auf die Hinführung zu pragmatischer Rekonstruktion („précis“) der Texte gelegt. Vokabelhilfen und Kurzhinweise zu Leben/Werk herausragender, in den Texten vorkommender Persönlichkeiten runden den Band ab. Empfohlen für Orientierungsstufe und Sekundarstufe I.

Französisch

Klaus Bahners

Französischunterricht in der Sekundarstufe II

(Kollegstufe)

Texte – Analysen – Methoden

104 Seiten, kart. **Bestell-Nr. 0565-7**

Dieses Buch wendet sich an alle, die jetzt oder künftig auf der neugestalteten Oberstufe (Sekundarstufe II) Französischunterricht erteilen; vor allem an jüngere Kollegen und Referendare, aber auch an Studenten, die sich auf den Übergang vom wissenschaftlichen Studium zur pädagogischen Umsetzung vorbereiten wollen.
Schließlich gibt „Französischunterricht in der Sekundarstufe II“ auch Schülern der reformierten Oberstufe wertvolle Hinweise für den selbständigen Zugang zur Interpretation französischer Texte.

Paul Kämpchen

Französische Texte zur Vorbereitung auf die Reifeprüfung

80 Seiten, kart. **Bestell-Nr. 0522-3**

Übungen für die Grammatik, den Stil und eine der Prüfungsarten – die Nacherzählung – sollen hier dem Anwärter zur Prüfung nahegebracht werden. Kurze und lange Nacherzählungstexte mit Worterklärungen stehen hier als Übungstexte zur Verfügung.
Der Schüler oder Student kann anhand dieser Kurzgeschichten seine sprachliche Beweglichkeit unter Beweis stellen. Kleine und leichte Stücke, die sich nur für Anfänger und wenig Fortgeschrittene eignen, wurden weggelassen.

Alfred Möslein / Monique Sickermann-Bernard

Textes d'étude

64 Seiten, kart. Bestell-Nr. 0523-1

25 erzählende Texte aus der neueren französischen Literatur als Vorlagen für Nacherzählungen und Textaufgaben.
Durch unterschiedliche Längen und Schwierigkeitsgrade sowie durch breitgefächerte Thematik eignen sich diese Texte als Lektüre und Ausgangspunkt für Diskussionen im Unterricht. In den „Suggestions“ findet man einige Anregungen für Übungen, die sich an die reine Textbehandlung anschließen können. Die Worterklärungen sollen das Verständnis der Texte erleichtern.

Werner Reinhard

Französische Diktatstoffe
Unter- und Mittelstufe

1./2. Unterrichtsjahr sowie 3./4. Unterrichtsjahr

2. Auflage, 96 Seiten, kart. **Bestell-Nr. 0532-0**

Die nach dem Schwierigkeitsgrad geordneten Texte sind überwiegend Erzählungen und Berichte von Begebenheiten des täglichen Lebens, wobei unbekannte Vokabeln beigegeben sind. Mit den Texten lernt der Schüler die gehobene Umgangssprache, d. h. Vokabular und Wendungen, die er später für eigene Textproduktionen verwenden kann. Den Texten vorangestellt sind Bemerkungen zur Rechtschreibung, die nützliche Rechtschreibregeln enthalten.

Werner Reinhard

Übungstexte zur französischen Grammatik

9. bis 13. Klasse

128 Seiten, kart. **Bestell-Nr. 0543-6**

„Übungstexte zur französischen Grammatik“ wendet sich an Lernende, die bereits einige grammatische Kenntnisse haben, sie jedoch festigen und vertiefen wollen. Es eignet sich aufgrund umfangreicher Vokabelangaben sowie des ausführlichen Lösungsteils zum Selbststudium, und vermag bei Schülern ab Klasse 9 Nachhilfeunterricht zu ersetzen.
Die textbezogenen Aufgaben berücksichtigen insgesamt die wichtigsten grammatischen Gebiete, ein Register ermöglicht auch systematisches Vorgehen.

Werner Reinhard

Übungen zur französischen Herübersetzung

96 Seiten, kart. Bestell-Nr. 0537-1

40 franz. Texte aus Literatur und Sachschrifttum, jeweils mit Vokabelangaben versehen, kann der Lernende ins Deutsche übertragen und anschließend, anhand des Lösungsteiles, seine Fassungen auf ihre Richtigkeit hin überprüfen. Dem Verfasser kam es bei den deutschen Übersetzungen nicht auf prägnanten Stil an, es ging ihm vielmehr um die inhaltlich richtige und vom Schüler nachvollziehbare Übersetzung. So enthalten die Herübersetzungen jeweils auch Anmerkungen mit wörtlichen Entsprechungen, Varianten und Hinweisen zur Grammatik. Breit einsetzbar in den Sekundarstufen.

Werner Reinhard

Kurze moderne Übungstexte zur französischen Präposition

120 Seiten, kart. **Bestell-Nr. 0568–1**

In einem lexikalischen Teil gibt das Übungsbuch zunächst einen Überblick über die Anwendung der wichtigsten Präpositionen. Auch die Präpositionen als Bindeglied zwischen Verb und Objekt bzw. Infinitiv (vor allem à und de) werden berücksichtigt. Listen erleichtern dabei systematisches Lernen.

Im anschließenden Übungsteil kann der Benutzer seine Kenntnisse überprüfen. Vorherrschende Methode ist die Einsetzübung. Mit dem Lösungsteil eignet sich das Buch gut zum Selbststudium. Einsetzbar für den Unterricht in den Sekundarstufen.

Christine und Gert Sautermeister

Der sichere Weg zur guten französischen Nacherzählung

– Zur Methodik des Hörens und Schreibens im Französischunterricht –

118 Seiten, kart. **Bestell-Nr. 0534–7**

Der erste Teil des Buches will auf die Bedingungen richtigen Hörens aufmerksam machen und Wege zum besseren Hören skizzieren. Der zweite Teil gibt Anregungen, die Grundrisse des Textes, der Gelenkstellen, Höhepunkte, Pointen nochmals zu vergegenwärtigen.

Spezifische Formulierungsprobleme der Nacherzählung entfaltet der dritte Teil.

Gemeinschaftskunde

Peter Beyersdorf

Die Bundesrepublik Deutschland

Arbeitshefte zur Sozial- und Gesellschaftskunde

Band 1:

Strukturen und Institutionen

mit Text des Grundgesetzes

124 Seiten **Bestell-Nr. 0507–X**

Band 2:

Parteien und Verbände

84 Seiten **Bestell-Nr. 0508–8**

Band 3:

Außenpolitische Entwicklung

72 Seiten **Bestell-Nr. 0509–6**

Diese Reihe wurde vor allem für den Bereich der politischen Pädagogik geplant: für Lehrer und Schüler also in erster Linie. Das gilt für Gymnasien und höhere Schulen insgesamt, für Berufsschulen und nicht zuletzt für den großen Bereich der Erwachsenenbildung in den Volkshochschulen.

Jedes Heft enthält neben dem Textteil einen Dokumentenanhang und ein Literaturverzeichnis; darin wird auf spezielle, einzelne Themen vertiefende Bücher hingewiesen.

Mit Hilfe dieser „Arbeitshefte" wird es dem Benutzer möglich, die grundsätzlichen politischen Zusammenhänge unseres Gemeinwesens und die Struktur der internationalen Politik zu erkennen. Dazu werden nicht nur Daten und Fakten angeboten, sondern zugleich auch deren Erklärung und Interpretation. Stand 1970!

Geschichte

Robert Hippe

Geschichts-Gerüst

von den Anfängen bis zur Gegenwart

4 Teile in einem Band

228 Seiten **Bestell-Nr. 0551–7**

Der Primaner, der das „Skelett" dieses „Gerüstes" beherrscht, sollte allen Prüfungsanforderungen gewachsen sein!

Das vorliegende Werk will kein Ersatz für bereits bewährte Bücher ähnlicher Art sein, sondern einem **Auswahlprinzip** huldigen, das **speziell auf Gymnasien**, kurz **alle weiterführenden Schulen zugeschnitten** ist. Daher erklärt sich die drucktechnische Hervorhebung des besonders Wesentlichen (Fettdruck).

Teil I: Von der Antike bis zum Beginn der Völkerwanderung (ca. 3000 v. Chr. bis 375 n. Chr.)

Teil 2: Von der Völkerwanderung bis zum Ende des Mittelalters (375 –1268)

Teil 3: Vom Übergang zur Neuzeit bis zum Ende des 1. Weltkrieges (1268–1918)

Teil 4: Vom Beginn der Weimarer Republik bis zur Gegenwart (1918–1953)

Latein

Reinhold Anton

Die Stammformen und Bedeutungen der lateinischen unregelmäßigen Verben

Anleitung zur Konjugation von etwa 1600 einfachen und zusammengesetzten unregelmäßigen Verben.

5. verbesserte Auflage

40 Seiten, kart. **Bestell-Nr. 0500–2**

Oswald Woyte

Latein-Gerüst

Der gesamte Stoff bis zur Sekundarstufe II (Kollegstufe) in übersichtlicher Anordnung und leichtverständlicher Darstellung mit Übungstexten, Übungsaufgaben und Schlüssel.

Teil 1: **Formenlehre**

116 Seiten, kart. **Bestell-Nr. 0552–5**

Teil 2: **Übungsaufgaben und Schlüssel zur Formenlehre**

144 Seiten, kart. **Bestell-Nr. 0553–3**

Teil 3: **Satzlehre**

104 Seiten, kart. **Bestell-Nr. 0554–1**

Teil 4: **Übungsaufgaben und Schlüssel zur Satzlehre**

72 Seiten, kart. **Bestell-Nr. 0555–X**

jeweils 2. Auflage

Die vier Bände ersparen den Lernenden die Nachhilfestunden und bieten ein unentbehrliches Übungs- und Nachschlagewerk bis zur Reifeprüfung.

Der Autor hat aus einer Praxis als Oberstudiendirektor die Schwierigkeiten der lateinischen Sprache für den häuslichen Übungsbereich aufbereitet und leicht faßbar erläutert. Lernanweisungen sollen das Einprägen erleichtern.

Friedrich Nikol

Latein 1

Übungen mit Lösungen für das erste Lateinjahr in zwei Bänden.

Band 1/**Erstes Halbjahr**
mit Lösungsteil
kart. **Bestell-Nr. 0634-3**

Band 1/**Zweites Halbjahr**
mit Lösungsteil
kart. **Bestell-Nr. 0635-1**

In beiden Teilbänden wird der gesamte Stoff des ersten Lateinjahres behandelt.

Latein 2

(2. Lateinjahr)
kart. **Bestell-Nr. 0638-6**

Der lateinische Wortschatz ist in den Büchern genau angegeben und den verschiedenen lateinischen Unterrichtswerken angepaßt, die in den einzelnen Bundesländern zugelassen und eingeführt sind.
Bei gründlicher häuslicher Nachhilfe mit den Büchern wird der Übende immer mehr Freude an Latein bekommen, und bald wird sich auch der Erfolg bei den Leistungen in der Schule zeigen.

Suchen Sie wortgetreue Übersetzungen und Präparationen zu Ihren Schullektüren römischer und griechischer Klassiker?
Sie finden in der **Kleinen Übersetzungsbibliothek** in 500 Bänden im Kleinformat wörtliche deutsche Übersetzungen.
Fordern Sie das ausführliche Verzeichnis an.

Mathematik

Bernd Hofmann

Algebra 1

Mathematikhilfe für die 7./8. Jahrgangsstufe weiterführender Schulen
216 Seiten **Bestell-Nr. 0580-0**

Helmut Kürzdörfer

Geometrie 1

Mathematikhilfe für die 7./8. Jahrgangsstufe weiterführender Schulen
232 Seiten **Bestell-Nr. 0581-9**

Diese Bücher sind im wesentlichen auf den Lehrstoff des 7. und 8. Schuljahres abgestimmt.
Sie gliedern sich in Kontroll-, Übungs- und Lösungsteil. Ausgerichtet sind sie als unterrichtsbegleitende Werke auf Schüler und die ihnen hilfreich zur Seite stehenden Eltern.
Nützlich sind sie aber auch wegen des großen und vielseitigen Angebots an Übungsaufgaben (mit vollständigen Lösungswegen) **für Lehrer.** Von ähnlichen Unterrichtshilfen heben sie sich durch die kurze, übersichtliche und verständliche Darstellung sowie durch gute Überprüfbarkeit der Kenntnisse ab. (Besprechung der Bibliothekszentrale, Reutlingen).

Lothar Deutschmann

Mathematik

Wegweiser zur Abschlußprüfung
Mathematik I, II und III an Realschulen
Anhang: Reifeprüfungsaufgaben mit Lösungen 1980/1981/1982/1983
168 Seiten + 121 Abb.
kart. **Bestell-Nr. 0644-0**

Ein erfahrener Pädagoge erteilt Nachhilfeunterricht in Mathematik.

Friedrich Nikol/Lothar Deutschmann

Algebra 2

Mathematikhilfe für die 9./10. Klasse
Übungaufgaben und Schulaufgaben mit Lösungswegen und Lösungen.
168 Seiten + 46 Abb.
kart. **Bestell-Nr. 0645-9**

Anhand von Klassenarbeiten und Probearbeiten wird versucht, den Schülern Nachhilfe zu erteilen.
Lösungswege und Lösungen erleichtern das Auffinden eigener Fehler.

Ruth Kirchmann

Zielscheibe Mathematik

Wenn Schüler vor Mathematik zurückschrecken, liegt es häufig an den Lücken, die irgendwann entstanden sind und das Verständnis des ganzen folgenden Unterrichtsstoffes blockieren.
In diesen Nachhilfebüchern, die auch zum Nachlernen für zu Hause geeignet sind, finden sich Schüler schnell zurecht.

Bruchrechnen

90 Seiten – viele Abbildungen
+ 8 Seiten Lösungsheft
Bestell-Nr. 0648-3

Dezimalzahlen

78 Seiten – viele Abbildungen
+ 8 Seiten Lösungsheft
Bestell-Nr. 0671-8

Prozentrechnung

100 Seiten – viele Abbildungen
+ 12 Seiten Lösungsheft
Bestell-Nr. 0649-1

Die vier Grundrechenarten

90 Seiten – viele Abbildungen
+ 6 Seiten Lösungsheft
Bestell-Nr. 0672-6

Johannes Lorenz

Mathematik-Gerüst–Unterbau

6. Auflage
84 Seiten, kart. **Bestell-Nr. 0558-4**

Sammlung von Formeln und Sätzen mit zahlreichen Musteraufgaben und vielen Figuren.

Inhalt: Zahlenrechnen – Algebra – Gleichungen – Logarithmen – Geometrie – Stereometrie – Trigonometrie.
Dieser Band richtet sich an den Lernenden, der in kurzer Form seine Kenntnisse wieder auffrischen möchte und anhand von Musteraufgaben Lösungswege rekonstruieren will.
Bis Sekundarstufe I.

Georg Ulrich / Paul Hofmann

Geometrie zum Selbstunterricht

Ein vollständiger Lehrgang der Geometrie zum Selbstunterricht und zur Wiederholung und Nachhilfe. Von der elementaren Geometrie über die Differential- und Integralrechnung bis zur Integralgleichung bieten die Bände den gesamten Stoff der Oberschulen bis zur Sekundarstufe II.
Übungsaufgaben mit Lösungen erleichtern die Verfolgung des Rechenweges und deren Einprägung und Verstehen.

1. Teil:
Planimetrie
172 Seiten, kart. **Bestell-Nr. 0576–2**

2. Teil:
Trigonometrie
136 Seiten, kart. **Bestell-Nr. 0540–1**

3. Teil:
Stereometrie
148 Seiten, kart. **Bestell-Nr. 0577–0**

4. Teil:
Analytische Geometrie
232 Seiten, kart. **Bestell-Nr. 0536-3**

Philosophie

Robert Hippe

Philosophie-Gerüst

Teil 1
96 Seiten **Bestell-Nr. 560–6**
Der erste Band des „Philosophie-Gerüsts" will an die Geschichte der abendländischen Philosophie heranführen, dem Leser einen Überblick über die Jahrhunderte philosophischen Denkens geben.
Aus dem Inhalt: Was ist Philosophie? Die griechische Philosophie – Die hellenistisch-römische Philosophie – Die Philosophie des Christentums – Die Philosophie des Mittelalters, im Zeitalter der Renaissance und des Barocks – Die Philosophie von der Aufklärung bis zu Hegel – Die Philosophie der Gegenwart. Anhang – Bibliographie u. a.

Teil 2
80 Seiten **Bestell-Nr. 561–4**
Im zweiten Band werden die Disziplinen der reinen und angewandten Philosophie behandelt, und dem Benutzer ein Überblick über den gewaltigen Umfang des Bereichs der Philosophie gegeben.
Aus dem Inhalt: **Die Disziplin der reinen Philosophie:** Logik und Dialektik – Psychologie – Erkenntnistheorie – Ontologie und Metaphysik – Ethik – Ästhetik.
Die Disziplinen der angewandten Philosophie: Naturphilosophie und Philosophie der Mathematik – Geschichtsphilosophie – Rechts- und Religionsphilosophie – Philosophische Anthropologie und Existenzphilosophie – Sprachphilosophie.
Philosophie und Weltanschauung
Bibliographischer Anhang u. a.

Physik

Robert Gehr

Einführung in die Atomphysik

Vorbereitungshilfen für das Physik-Abitur an mathematisch-naturwissenschaftlichen Gymnasien.
152 Seiten, kart. **Bestell-Nr. 0511–8**
Inhalt: Das Atommodell der kinetischen Gastheorie – Die atomistische Struktur der Elektrizität – Energiequanten und Korpuskeln – Atommodelle – Kernphysik – Nachweismethoden für Strahlungen.
Das Ziel des Buches ist, den Physikstoff der Abschlußklassen im Hinblick auf die Reifeprüfung umfassend und gründlich darzustellen, andererseits aber auch – gemäß dem Bildungsauftrag einer höheren Schule – in das (physikalische) Weltbild der Gegenwart einzuführen.

Friedrich Nikol

Physik I

Fragen mit Antworten aus dem Lehrstoff der Sekundarstufe I mit Prüfungsfragen und Lösungen.
100 Seiten **ISBN 3-8044-0639-4**
Dieses Buch soll eine Lücke füllen auf dem Gebiet der Physikvorbereitung. Häufig auftauchende Fragen aus Mechanik, Wärmelehre, Optik, Magnetismus und Elektrizität im Physikunterricht werden leicht verständlich beantwortet.
Ein Band zur Vorbereitung auf Abschlußprüfungen.

Konrad Lorenz

Physik-Gerüst

neubearbeitet von Lothar Deutschmann
6. erweiterte Auflage
ca. 160 Seiten **Bestell-Nr. 0617–3**
Die Grundlagen der Physik in übersichtlicher und leicht faßlicher Darstellung.
Inhalt: Meßkunde – Allgemeine Eigenschaften der Körper – Mechanik fester Körper – Mechanik der Flüssigkeiten – Mechanik der Gase – Lehre vom Schall – Wärmelehre – Magnetismus – Elektrizität – Geometrische Optik – Wellenoptik u. a.

Verschiedenes

Adolf Busch

Glückwunschbuch

15. Auflage
104 Seiten, illustr. **Bestell-Nr. 0510–X**
Glückwunschgedichte für alle Gelegenheiten nebst einem Anhang. Gedenk- und Glückwunschgedichte deutscher Dichter.
Geburtstags-, Namenstagswünsche – Weihnachtswünsche – Neujahrswünsche – Hochzeitswünsche –